GROWTH HACKING

시대를 위한 안내서

조민희 저

DIGITAL BOOKS
www.digitalbooks.co.kr
since 1999

성장의 시대를
위한 안내서  **GROWTH HACKING**

| 만든 사람들 |

기획 IT · CG 기획부 ┃ **진행** 유명한 ┃ **집필** 조민희 ┃ **감수** 하성주
편집 디자인 디자인 숲 · 이기숙 ┃ **표지 디자인** D.J.I books design studio

| 책 내용 문의 |

도서 내용에 대해 궁금한 사항이 있으시면,
디지털북스 홈페이지의 게시판을 통해서 해결하실 수 있습니다.

디지털북스 홈페이지 : www.digitalbooks.co.kr
디지털북스 페이스북 : www.facebook.com/ithinkbook
디지털북스 카페 : cafe.naver.com/digitalbooks1999
디지털북스 이메일 : digital@digitalbooks.co.kr
저자 홈페이지 : www.ingray.net
저자 이메일 : minheecho@gmail.com

| 각종 문의 |

영업관련 hi@digitalbooks.co.kr
기획관련 digital@digitalbooks.co.kr
전화번호 02 447-3157~8

CONTENTS

성장의 시대

바야흐로 '성장'의 시대다.

과거 소프트웨어 제품이 실패하는 가장 큰 이유는 '기술적 난이도' 때문이었다. 현재에는 큰 어려움 없이 공개된 소스코드들의 조합으로 금세 만들 수 있는 웹, 앱 소프트웨어들을 10년, 혹은 그보다 더 오랜 과거에 만들려고 했다면, 지금보다 몇배나 많은 시간과 자원을 투여하면서도 완성도를 보장하기는 어려웠다.

하지만 현재 소프트웨어 제품이 실패하는 가장 큰 이유는 충분한 고객을 확보하지 못했기 때문에 즉, '성장을 달성하지 못했기 때문'이다. 하드웨어 기반 제품에 비해, 일단 일정 수준 이상으로 완성된 후 수평적인 확장에 필요한 비용은 거의 0에 수렴하는 소프트웨어 제품의 특성상, 구현에 필요한 '기술적 난이도'가 현격하게 낮아진 지금은 '우리 제품이 얼마나 많은 사용자들을 확보했는가?'가 성공과 실패를 가르는 결정적인 기준이 되었다.

현재 대한민국 모바일 메시징 시장을 지배하고 있는 카카오톡이 처음 시장이 등장했을 때, 카카오톡과 유사한 서비스들이 적어도 10개 이상은 시장에 존재했다. 그 모든 서비스들은 주소록 동기화를 통한 자동 친구 추가, 텍스트 및 사진 전송 등 카카오톡과 동일한 기능을 가지고 있었다. 그런데 왜 나머지 서비스들은 모두 실패하고, 카카오톡만 살아남았을까?

그 배경이 무엇이 되었건 결국 카카오톡은 충분한 사용자를 확보했고, 나머지 제품들은 충분한 사용자를 확보하지 못했기 때문에 실패했다.

'성장의 문제'는 비단 소프트웨어 산업만은 아니다. IoT Internet of Things(사물인터넷), O2OOnline to Offline 같은 용어들이 산업 전반적으로 확대되고 있는 것에서 알 수 있는 것처럼, 소프트웨어는 기존 산업들과의 결합으로 경제 분야 전체의 성장을 이끌고 있다. '소프트웨어가 세상을 먹어 치우고 있다'고 표현할 만큼 소프트웨어의 영향력이 커지는 상황에서 이와 같은 '성장의 문제'는 모든 산업이 겪게 될 것이다. 흥미로운 점은 오늘날 우리가 처한 '성장의 문제'가 '양날의 검'과 같다는 것이다.

과거 소프트웨어가 소비되는 방식은 단순했다. 오프라인 유통 채널이나 포털 광고 등을 통해서 사용자들에게 소개되었고, 화면 크기와 운영체제가 비슷한 PC를 통해 사용되었다. 하지만 현재 모바일 기기의 대중화와 앱 환경의 출현, 다양한 소셜 미디어의 등장은 고객을 확보하고 성장을 달성하기 위한 전략의 복잡도를 크게 증가시켰다.

하지만 이런 복잡도의 증가는 동시에 새로운 가능성을 만들어주었다. 10년 전이라면 아무런 마케팅 비용 지출 없이 입소문만으로 단기간에 수천만 명의 사용자를 확보하는 것은 상상할 수도 없는 일이었겠지만, 지금 우리는 그런 사례들을 드물지 않게 목격하고 있다.

성장하지 못해 실패하지만, 제대로만 성장할 수 있다면 유례없는 성공을 기대할 수 있는 그런 시대를 우리는 살고 있기에, 성장을 달성하기 위한 전략에 집중할 필요가 있고, 이것이 우리가 '그로스 해킹'을 이야기하는 배경이다.

그런데 이런 근본적인 전략의 변화를 의미하는 '그로스 해킹'이 종종 단순한 기법으로 이야기 되는 경우를 보게 된다. 만약 당신이 '3개월 안에 고객 10만명 확보하는 방법, 앱 마켓 1위 만드는 방법, 네이버 인기 검색어에 올라가는 방법' 같은 단기적인 기법들은 찾고 있다면 이 책은 큰 도움이 되지 못할 것이다.

이 책은 **관점의 변화**에 대해 이야기하는 책이다. 각자가 만드는 제품과 각자가 처한 환경이 모두 다르기 때문에, 성장에 대한 전략도 모두 달라야 한다. 고유한 성장 전략을 수립하고 결과를 얻기 위해 우리가 해결해야 하는 문제를 발견할 수 있는 역량과 그 문제를 여러 가지 창의적인 생각들을 통해 해결할 수 있는 능력을 배양하고자 한다. 이를 통해 우리는 제품 개발 따로 마케팅 따로 이루어지고 있던 전략들을 '성장'이라는 관점에서 통합적으로 바라볼 수 있게 될 것이다.

본문의 가장 첫 장인 '그로스 해킹 시작하기'에서는 유명한 사례들을 통해 그로스 해킹의 개념을 명확히 하고, 그로스 해킹을 이해하는데 핵심적인 분석 기법들을 몇 가지 소개한다.

'성장 모델'에서는 왜 고유한 성장 전략을 세워야 하는 것이 중요한지, 우리 제품에 맞는 성장 전략은 어떤 것인지를 이야기하고, '성장 로드맵'에서는 성장 전략에 따라 도출된 여러 아이디어들을 어떻게 우선 순위를 정할 수 있을지 이야기한다.

'채널과 사용자 획득', '고객 참여와 재사용', '네트워크 효과와 입소문', '유료 마케팅'에서는 그로스 해킹에서 가장 중요한 주제들에 대해서 심도 있게 이야기할 것이다.

'그로스 해킹 도구'에서는 성장 전략 수립에 도움이 되는 다양한 도구들을 알아보려고 한다.

가장 마지막에는 각자의 성장 전략 수립에 아이디어가 될 만한 그로스 해킹 사례를 다수 소개했다. 부록에는 소셜 미디어와 모바일의 시대에 오히려 더 중요성이 부각되고 있는, 이메일 마케팅에 대한 깊은 내용과 그로스 해킹 조직을 꾸리기 위한 방법을 소개했다.

모쪼록 이 책을 접하는 모든 분들께서 각자의 영역에서 고유한 성장 전략을 수립하고, 위대한 결과를 만들 수 있기를 기원한다.

"실패의 가장 큰 원인은 '제품'이 아니라 '확산'에 있다.

(*Poor distribution - not product - is the number one cause of failure*)"

– 피터 틸 (Peter Thiel, 페이팔 창업자이자 벤처 투자가)

[일러두기]

'제품'과 '서비스' : 형체가 있는 상품 외에도 소프트웨어와 인터넷을 기반이나 장소 기반으로 이윤 추구 목적으로 만들어지거나 제공되는 모든 것들을 '제품'이라 지칭했다. 다만 문장 내 흐름에 따라 '서비스'가 더 자연스러운 경우에는 '서비스'라고 표현했다.

번역 및 외래어, 원어 표기 : 최대한 한글로 번역하는 것을 목표로 삼았지만, 번역을 통해 의미 파악이 더 어려워진다고 생각되면, 외래어나 원어를 사용했다.

CHAPTER 01

그로스 해킹 시작하기

이번 장에서는 유명한 그로스 해킹 사례들을 통해 그로스 해킹이 과거의 마케팅과 어떻게 다른지 개념을 명확히 하고, 그로스 해킹에 필요한 핵심적인 분석 기법들을 소개하려고 한다.

그로스 해킹 vs. 전통적인 마케팅

2012년 10월 클라우드 저장 공간 서비스 드랍박스(Dropbox, www.dropbox.com)는 Space Race[1]라는 이벤트를 시작한다. 사용자가 학교 이메일 주소를 인증하고 드랍박스를 설치하면, 참여자 수에 따라 포인트를 지급하고, 포인트가 일정 수준에 도달하면 그 학교의 모든 참여자들에게 더 큰 저장 공간을 2년 동안 제공하는 이벤트다.

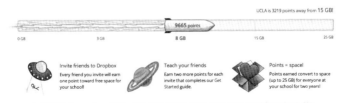

▲ 드랍박스 Space Race 화면 – 같은 학교 사용자들이 더 늘어날수록, 더 많은 포인트를 획득

---

1) https://www.dropbox.com/help/390

학교 이메일 주소를 가지고 있는 많은 사용자들은 당연히 친구들에게 자발적으로 참여를 권유했고, 이벤트는 성황리에 종료되었다.

대학생들은 학교 활동 등으로 인해 입소문이 빠르고, 나중에 대학을 졸업한 후 사회 생활을 시작하면서 더 많은 네트워크를 만들어갈 가능성이 큰 고객층으로 단순한 숫자 이상의 의미를 가지는 핵심 고객 집단이다. 미국 아이비리그 대학을 중심으로 전세계를 집어삼킨 페이스북(Facebook, www.facebook.com)만 봐도, 대학생 고객층의 중요성을 잘 알 수 있다.

최종 순위를 통해 추정해 볼 때, 드랍박스는 이 단 한 번의 이벤트를 통해 마케팅 비용을 거의 들이지 않고서도, 전세계적으로 약 200만명 이상의 핵심 고객 집단을 획득한 것으로 생각된다. 게다가 이 때 무료로 지급된 저장 공간은 2년간 한시적으로 주어지는 것으로, 이 이벤트를 통해 드랍박스에 많은 파일을 저장하기 시작한 사용자들은 무료 저장 공간이 만료된 후엔 더 큰 저장 공간을 제공하는 드랍박스의 유료 서비스를 구매할 수 밖에 없을 것이다. 드랍박스 입장에서는 단 한번의 마케팅으로 엄청난 입소문 효과와 미래의 매출을 모두 획득한 것이다.

Global Leaderboard			
	SCHOOL	NUMBER OF SPACE RACERS	TOTAL POINTS
1	National University of Singapore	20,532	45,090 points
2	National Taiwan University	16,645	40,292 points
3	Politecnico di Milano	14,425	33,841 points
4	Nanyang Technological University	14,983	33,731 points
5	Tecnológico de Monterrey	13,368	32,548 points
6	Delft University of Technology	13,290	31,939 points
7	Universidade de São Paulo	13,558	29,869 points
8	University of California Berkeley	12,264	29,646 points
9	Sumy State University	7,314	27,717 points
10	Rheinisch Westfälische Technische Hochschule Aachen	10,117	27,247 points
11	Technische Universität München	10,495	26,262 points
12	Universidad Politécnica de Valencia	10,147	25,765 points

▲ 결과 화면[2] – 1등을 차지한 싱가폴 국립대학은 무려 2만명이 참여

    무료 저장 공간이 만료되는 2년 후에도 흥미로운 부분이 존재한다. 필자도 Space Race를 통해 무료 저장 공간을 얻었는데, 얻게 된 저장 공간이 만료되기 약 1달 전부터 드랍박스는 '곧 무료 저장 공간이 만료되니, 유료 서비스를 구매하라'는 메일을 보내기 시작했다. 마지막까지 결제를 하지 않으면 어떻게 될까 싶어 계속 결제를 미루고 있었더니, 무료 서상 공간 만료 약 1주일 전에 '지금 결제하면 첫해 드랍박스 프로는 30%, 비즈니스는 50% 할인'

---

2) https://www.dropbox.com/spacerace (현재는 페이지 삭제)

이라는 프로모션 이메일이 날아왔다. 아마 드랍박스에서는 특정 시기까지 결제를 하지 않는 사용자들은 이탈할 가능성이 높아진다는 것을 데이터 분석을 통해서 발견하고, 이런 특별 프로모션을 통해 이탈율을 최소화하고자 했을 것이다.

▲ 드랍박스의 Space Race 참가자 대상 특별 프로모션 – 지금 결제하면 첫해 50% 할인

드랍박스의 Space Race 이벤트는 몇 가지 측면에서 전통적인 마케팅 전략과 큰 차이가 있다.

1) 마케팅 비용을 TV 광고 등을 통해 직접적으로 집행하여 사용

자들을 끌어 모으는 방식(= Above the Line, ATL 마케팅)이 아니었다. 해당 이벤트가 진행되는 동안 검색 키워드 광고 같은 별도의 유료 광고는 없었다.

2) 기존 서비스 사용자들을 철저히 분석하여 자발적이고 적극적인 참여를 이끌어 냈다. 필자 역시 이 이벤트를 알게 된 것은 같은 학교 친구의 추천이었다. '너도 빨리 참여해! 저장용량 늘려준대!'라는 이야기가 친구들 사이에서 계속 퍼져 나갔다.

3) 전략의 실행에 '학교 이메일 인증, 활동 포인트 계산, 이탈 확률 계산' 같은 개발적인 뒷받침이 필요하다.

이렇듯 전통적인 마케팅 기법과 달리, 우리 서비스를 철저하게 분석하여 창의적인 전략을 수립하고, 기술적으로 그 실행을 뒷받침 하여 급격한 성장을 노리는 통합적인 마케팅 활동이 바로 '그로스 해킹'이다.

Growth hacking is a marketing technique developed by technology startups which uses creativity, analytical thinking, and social metrics to sell products and gain exposure. (그로스 해킹이란 제품 판매와 노출을 목적으로 기술 벤처 기업에 의해 개발 된 창의성과 분석적 사고, 소셜 분석을 활용하는 마케팅 기법이다.) – Wikipedia[3]

---

3) https://en.wikipedia.org/wiki/Growth_hacking

이런 그로스 해킹을 조직 내에서 담당하는 사람을 그로스 해커 Growth Hacker라고 부를 수 있을 텐데, 이 용어는 실리콘밸리 최고의 마케팅 전문가 중 한 명인 션 엘리스Sean Ellis[4]가 처음 사용했다.

▲ 그로스 해커라는 용어를 처음 정의한 션 엘리스

그는 2010년 7월 'Find a Growth Hacker for Your Startup[5]'라는 블로그 포스팅에서 처음으로 Growth Hacker라는 용어를 언급한다. 현재 션 엘리스는 그로스 해킹에 관련된 다양한 저술과 활동을 하고 있는데, 관련 내용들은 추후 더 소개하도록 하겠다.

지금부터는 대표적인 성공 사례들을 통해 과거의 마케팅과 다른 그로스 해킹을 개념을 좀 더 명확히 알 수 있도록 하려고 한다.

성공 사례 1 핫메일 (Hotmail, www.hotmail.com)

그로스 해킹의 성공 사례를 논할 때 절대 빠지지 않고 반드시 언급되는 제품은 무려 18년 전 인터넷 태동기의 핫메일이다. 당시에 그로스 해킹이라는 용어가 존재했을 리 없지만, 기존 서비스의 마케팅 방식과 완전히 다른 전략을 통해 커다란 성공을 거두었다는 점에서 반드시 짚고 넘어가야 하는 사례다.

---

4) https://www.linkedin.com/in/seanellis
5) http://www.startup-marketing.com/where-are-all-the-growth-hackers/

핫메일은 1996년 같은 직장 동료였던 사비르 바티아Sabeer Bhatia와 잭 스미스Jack Smith가 창업했다. 그들은 자바소프트Javasoft 라는 창업 아이디어를 논의하던 중에, 직장 상사가 그들이 주고받는 이메일을 보는 게 두려워서 웹 기반 이메일 시스템을 구상하게 된다. 당시에 이메일은 각 회사에 있는 이메일 전용 서버를 통해서 주고 받는 일종의 전자 문서 개념이었기 때문에, 상사가 그들의 이메일을 열어볼 수도 있었다. 이 웹 기반의 이메일 시스템이 핫메일로 발전했다.

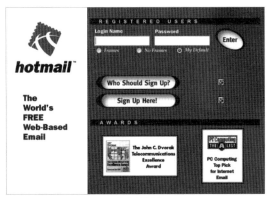

▲ 초창기 핫메일

처음 핫메일은 새로운 사용자를 얻기 위해, 도로 옆 광고판이나 라디오 중간 광고를 활용했다. 그런데 아직 인터넷이라는 개념도 생소한 시절 차를 몰고 가다가 도로 옆에서 핫메일 로고를 보거나, 라디오에서 갑자기 핫메일이라는 것을 접한다고 해서 과연 사람들이 핫메일에 가입이나 할 수 있었을까? 충분히 예측할 수 있는 것처럼 마케팅 성과는 매우 저조했다.

이때 핫메일의 투자자 중 한 명이었던 티모시 드레이퍼Timothy Draper가 타파웨어Tupperware[6]에서 착안한 마케팅 아이디어 제안한다. 식기 브랜드인 타파웨어는 주부들을 모아 놓고 타파웨어 그릇을 사용해서 요리하는 '타파웨어 홈파티'를 여는데, 이 홈파티에 참석한 주부들은 실제로 타파웨어를 요리에 사용하는 모습을 보고 타파웨어를 구매하게 된다는 점을 참고한 것이다.[7]

▲ 타파웨어 홈파티 – Source : http://whatremainsnow.com/

---

6) http://www.tupperware.com/
7) The History of Tupperware Home Parties http://www.tupperwarecollection.com/
   v2/tw_index.php?page=home_parties_history

티모시가 제안한 아이디어는, 핫메일 하단 이메일 서명란에 자동으로 'PS: I love you. Get your free e-mail at Hotmail (추신: 사랑해요. 핫메일에서 당신의 무료 이메일을 가져보세요.)'라는 문구를 삽입하여, 핫메일로 작성된 이메일을 받아본 사람들을 핫메일 사용자로 끌어들이는 것이었다.

이 전략을 시행한 후 하루 3,000명 정도의 사용자가 있던 핫메일은 6개월 후 1백만 명의 사용자를 모았고, 그로부터 5주 후에는 2백만 명의 사용자를 모았다. 최종적으로 1년 반 후 마이크로소프트가 핫메일을 인수했을 때, 전체 사용자 수는 1,200만 명에 달했다. 지금이야 전세계적으로 수억 명의 사용자들을 거느린 서비스들이 나오고 있지만, 당시 전세계 인터넷 사용자가 고작 7,000만 명뿐이었다는 것을 생각하면, 핫메일의 성공이 얼마나 대단한 것인지 짐작할 수 있을 것이다.

메일 하단에 자동으로 들어가는 서명을 마케팅에 활용하는 아이디어는 현재까지도 아이폰 기본 메일 앱이나 메일박스 (MailBox[8], www.mailboxapp.com) 같은 서드 파티 메일 앱 등에서 널리 사용되고 있다.

---

8) 드랍박스에 인수된 후 2016년 02월 서비스 종료

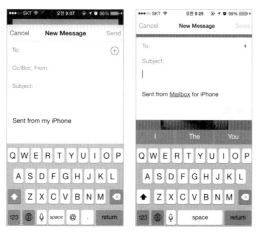

▲ 아이폰 기본 메일 앱, Mailbox 앱에서 사용되는 기본 서명

성공 사례 2 링크드인 (LinkedIn, www.linkedin.com)

여기에서는 링크드인의 엔지니어링 부문 부사장으로 재직했던 빌 크레인Bill Crane으로부터 직접 들을 수 있었던 사례를 소개하려고 한다. 링크드인의 그로스 해킹 사례 중에서 가장 흥미로운 것은 이메일 개봉률에 대한 실험이다.

▲ 전 링크드인 엔지니어링 부문 부사장 빌 크레인

스마트폰이 아직 성숙하지 않았던 링크드인 초창기에 이메일은 사용자의 재방문을 유도하기 위한 가장 중요한 도구였다. 사용자들이 이메일을 얼마나 많이 열람하는지에 따라서 사이트 재방문율이 크게 달라졌기 때문에, 링크드인에서는 이메일 개봉률을 높이기 위해 다양한 실험을 진행했다.

▲ 초창기 링크드인 웹페이지

  링크드인에서는 사람들의 이메일 사용 패턴에 대한 다양한 리서치를 진행하고, 사용자가 메일을 연 시점에 메일함의 3 ~ 4번째 이내에 위치하고 있을 경우 가장 개봉률이 좋다는 결과를 도출한다. 다시 말해, 사람들은 메일을 확인한 후 3 ~ 4번째 이내에 있는 메일까지만 확인하고, 흥미로운 이메일 링크를 누르거나 다른 일을 하러 메일함을 이탈했다. 그리고 그 밑에 있는 메일들은 읽지 않은 상태로 남게 되는게 대부분이었다는 것이다. 이를 확인한 링크드인은 다음과 같은 전략을 수립한다.

1) 링크드인 사용자들이 이메일을 확인하는 시간을 알 수 있도록 이메일 링크를 클릭하여 링크드인에 유입되는 시점을 각 사용자 별로 모두 기록한다.

2) 충분한 데이터가 모인 후 각 사용자별로 자주 이메일을 확인하는 시간을 추정한다.

3) 사용자에게 각종 알림 메일을 보낼 때 각 사용자들이 이메일을 자주 사용하는 시간 약 30분 전에 발송하여 메일 목록의 상단 3~4번째 이내에 링크드인의 메일이 위치하도록 한다.

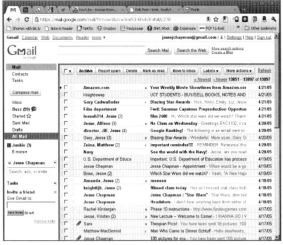

▲ 대다수의 사람들은 최근 몇 개의 이메일만 확인하기 때문에, 받은 편지함은 보통 읽지 않은 메시지들로 가득함

이런 '그로스 해킹적' 접근을 통해 링크드인은 J 커브 성장을 이루었고, 전세계적으로 가장 단단한 비즈니스 모델을 갖추게 되었다. 참고로 빌 크레인에 따르면 현재 링크드인은 백 개 이상의 A/B 테스트를 동시에, 연속적으로 테스트할 수 있는 인프라를 구축하고 있다고 한다.

성공 사례 3 에어비앤비 (Airbnb, www.airbnb.com)

실리콘밸리 최고의 창업 엑셀러레이팅 프로그램 와이 컴비네이터(Y Combinator, www.ycombinator.com) 출신 기업들 중에서도 대단한 성공 사례를 이야기할 때 반드시 꼽히는 회사가 에어비앤비다. 에어비앤비 창업자들의 디자인 분야 경력이 부각되어 보통은 '디자인에 강점이 있는 회사'로만 알려져있다. 하지만 에어비앤비는 사용량이 거의 없었던 초기부터 다양한 그로스 해킹적인 시도를 통해 성공적으로 성장을 달성한 '데이터 분석에도 커다란 강점을 가지고 있는 회사'다.

빈 방 공유 서비스인 에어비앤비는 아직 사용자가 별로 없던 시기인 2009년에 자사의 사이트에 등록된 빈 방 정보를 크레이그리스트(Craigslist[9], www.craigslist.com)에도 동시에 손쉽게 등록할 수 있는 방법을 빈 방 주인들에게 제공한다.

---

9) 미국에서 시작되어 전세계로 확대된 지역 기반 생활정보 사이트로 국내 인터넷 환경에 비유하자면 '중고나라'와 '디씨인사이드'가 합쳐진 형태의 서비스

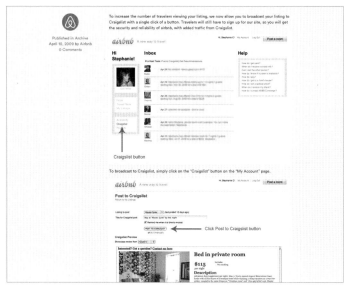

▲ 크레이그리스트 연동 기능을 소개하는 에어비앤비 블로그 글[10]

빈 방 주인들이 기대하는 것은 '방이 임대되는 것'이기 때문에, 방이 임대될 확률을 높이기 위해서 크레이그리스트와 에어비앤비에 둘 다 빈 방을 등록하고자 할 것이다. 이때 어떤 하나의 서비스가 한 번에 두 곳에 모두 방을 등록할 수 있는 방법을 제시한다면, 당연히 그 서비스를 사용할 것이다. 이 기능을 제공함으로써 에어

---

10) New Host Features: Broadcast to Craigslist http://blog.airbnb.com/new-host-features-broadcast-to-craigslist/

비앤비는 임대 가능한 새로운 방을 다수 확보할 수 있었다. 이 기능이 에어비앤비의 성장에 끼친 효과는 이에 그치지 않았다. 크레이그리스트에서 에어비앤비를 통해 동시에 등록된 방 정보에 관심을 가진 사람들은 더 자세한 정보를 확인하기 위해 에어비앤비로 이동하게 되었다. 이렇게 에어비앤비는 큰 돈을 들이지 않고 방을 임대하고자 하는 신규 사용자들을 모을 수 있게 되었다. 하나의 기능을 통해 중계 플랫폼이 성장하기 위해서 필요한 빈 방 공급자와 빈방 수요자 모두를 늘린 것이다.

여기서 가장 중요한 점은 크레이그리스트가 실제로 방 정보를 동시에 등록할 수 있는 API(Application Programming Interface[11], 응용 프로그램 프로그래밍 인터페이스) 등을 공식적으로 제공하지 않는다는 점이다. 즉, 에어비앤비에서는 개발 자원을 집중 투자해서 그 기능이 가능하도록 글자 그대로 '해킹'을 했다는 것인데, 성장에 대한 전략 분석과 실행이 마케팅과 개발 분야의 협력으로 이루어진 것이다. 남들이 생각하지 못한 '교묘한 방법'을 찾았다는 점에서 아주 좋은 그로스 해킹의 사례로 꼽을 수 있다. 현재 크레이그리스트는 에어비앤비가 이 기능을 사용할 수 없도록 막아버렸는데, 이는 해당 프로젝트가 에어비앤비의 성장에 얼마나 큰 성공을 가져다 주었는지 알 수 있는 훌륭한 증거이다.

---

11) https://ko.wikipedia.org/wiki/API

에어비앤비의 또 다른 그로스 해킹 사례는 바로 사진에 대한 실험이었다. 에어비앤비가 크레이그리스트를 '해킹'한 2009년, 에어비앤비팀은 '숙소 주인들이 올리는 사진의 질이 너무 낮아서, 실제보다 방이 더 나빠 보이기 때문에 사용자들의 예약 비율이 떨어지는 것 같다'는 생각을 한다. '멋진 사진이 걸려있으면 예약율이 올라갈 것'이라는 가설을 세운 에어비앤비팀은 이를 테스트하기 시작했다. 에어비앤비팀은 직접 $5,000 나 되는 고가의 카메라를 빌려서 뉴욕 지역에 등록된 방을 찾아 다니며 고품질의 숙소 사진을 직접 촬영한다.

고품질의 사진이 등록된 뉴욕 지역의 숙소는 그렇지 않은 곳보다 3배 더 많은 예약률을 기록했고, 한 달 만에 뉴욕 지역의 에어비앤비 매출은 두 배가 된다. 에어비앤비 팀은 파리, 런던, 벤쿠버, 마이애미 등지에서도 비슷한 실험을 진행했고, 역시 우수한 결과를 얻게 되었다.

이런 테스트를 통해 그들의 가설을 검증한 에어비앤비는 '에어비앤비 전문사진 촬영 프로그램Airbnb Professional Photography[12]'을 2010년 공식적으로 런칭한다. 이 프로그램을 통해 숙소 주인은 프로 사진 작가와 촬영 일정을 '자동으로' 잡을 수 있게 되어 에어비앤비의 숙소 사진 품질이 크게 향상된다.

---

12) https://www.airbnb.com/info/photography

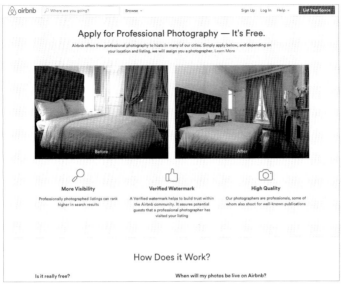

▲ 에어비앤비 전문 사진촬영 프로그램 소개 페이지

다음쪽 이미지는 에어비앤비의 성장 곡선이다. 아주 미미했던 사이트 사용량이 크레이그리스트 '해킹'을 시도한 2009년부터 아주 조금씩 상승하기 시작해서, 숙소 주인과 프로 사진 작가를 매칭하는 프로그램을 본격적으로 시작한 2010년말부터는 급격히 성장하는 것을 볼 수 있다.

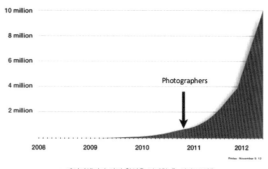

2 million 4 million 6 million 8 million 10 million

2008　2009　2010　2011　2012

Photographers

Friday, November 9, 13

▲ 에이비앤비가 사진 촬영을 시작한 후 성장 곡선[13]

　　지금까지 그로스 해킹의 대표적 사례들을 살펴보았다. 이런 사례들에서 볼 수 있는 것처럼, 그로스 해킹은 가설을 수립하고 그 가설을 검증하는 끝없는 실험을 통해 궁극적으로 급격한 J 커브 성장을 그리는 것을 목표로 한다. 가설을 검증하는 방법은 UX 테스트 기법이나 데이터 분석과 밀접한 관계를 가지고 있지만, 가설 수립 자체는 '직관'에서 오는 경우가 많기 때문에 어떤 사람들은 그로스 해킹을 아직 '예술과 과학의 중간 지점에 있는 어떤 것'이라고 표현하기도 한다.

그로스 해킹의 시작점 - '고객을 이해하는 것'

　　그로스 해킹의 이론을 이야기 하기에 앞서, 그로스 해킹의 진

---

13) listair Croll, Benjamin Yoskovitz - Lean Analytics: Use Data to Build a Better Startup Faster (2013)

짜 목표에 대해서 꼭 한 번 생각하고 넘어가야 한다.

▲ 와이 컴비네이터 창립자, 폴 그레이엄[15]

한 때 실리콘밸리 최고의 투자가 중 한 명이자 와이 컴비네이터의 창립자인 폴 그레이엄이 '그로스 해킹은 헛소리다. 그냥 사용자들이 사랑하는 제품을 만들어라[14]'는 이야기를 해서 화제가 된 적이 있다. 언뜻 듣기엔 '그로스 해킹'에 대해 비판적인 의견을 피력한 것으로 생각되기 쉽지만, 폴 그레이엄은 그 누구보다 데이터 분석과 빠른 실험과 가설 검증의 중요성을 역설하는 사람이다.

그로스 해킹에 대한 개념을 잘못 이해하여, 일시적인 검색 엔진 순위 조작, 소셜 미디어 상의 각종 바이럴 마케팅 기법 등을 동원하여 새 사용자들을 획득하는 것에만 매달리는 사람들이 있다. 하지만 이렇게 사용자들을 모은다고 해도, 그 사용자들이 우리 제품이나 서비스를 한 번 써보고 다 떠나버린다면 그게 무슨 소용이 있을까? 폴 그레이엄 역시 그로스 해킹을 단순히 '마케팅적 기술'로 해석하여, 새 사용자를 획득하는 것에만 집중하는 경향을 비판한 것이다.

---

14) Paul Graham on Growth Hacking http://robsobers.com/paul-graham growth-hacking
15) https://en.wikipedia.org/wiki/Paul_Graham_(computer_programmer)

그로스 해킹은 '고객을 이해하는 것'에서 시작된다. 그 이해를 바탕으로 우리는 고객이 사랑하는 제품을 만들 수 있고, 우리 고객들이 스스로 우리에게 다른 고객을 데려오는 놀라운 과정을 창조할 수 있다.

고객을 이해한다는 것 – 페이스북의 사례

고객을 이해한다는 것이 어떤 의미인지 페이스북의 사례를 통해 생각해 보자. 지금이야 15억명이 넘는 사용자들을 거느리고 있어서, '남들이 다 쓰니까 따라서 쓸 수 밖에 없는' 거대한 서비스이지만, 페이스북도 보잘것없는 서비스였던 시절, 페이스북 말고도 다른 대안이 많았던 시절이 있었다.

▲ 페이스북의 2006년 모습[16]

---

16) 10 Screenshots of the Old Facebook Designs https://blog.shareaholic.com/happy-facebook-ipo-day-10-screenshots-of-the-old-facebook-designs/

당시 페이스북에서 그로스 해킹을 담당했던 팀 – 물론 당시에는 '그로스 해킹'이라는 용어가 존재하지 않았지만– 의 미션은 아래 질문에 대한 답을 찾는 것이었다.

• 질문 : 대체재들이 있음에도 불구하고, 페이스북을 계속 쓰는 사람들과 페이스북에 정착하지 않고 떠나는 사용자들 사이에는 어떤 차이점이 있는가?

수많은 분석과 가설 수립, 검증 끝에 그들이 내린 결론은 다음과 같았다.

• 결론 : 새 사용자가 페이스북에 가입한 후, 10일 이내에 7명 이상의 친구들이 생기면, 그 사용자는 계속 페이스북의 가치를 이해하고 지속적으로 쓰게 된다.

'열흘 내에 일곱 명의 친구7 friends in 10 days'로 널리 알려진 이 결론에 도달한 페이스북은 처음 사용자가 가입하게 되면 이메일 주소록 동기화 등 온갖 방법을 동원해서 일곱 명 이상의 친구 관계를 만들어 주려고 노력한다.

▲ 페이스북이 제공하는 다양한 친구 찾기 방법

페이스북은 사람과 사람 간의 관계를 이어주는 '소셜 네트워크 서비스'다. 내가 서비스에 가입했다고 하더라도 내가 친구 관계를 맺고 있는 사람이 없다면, 그 사람은 사용할 가치를 느낄 수 없다. 내가 볼 수 있는 글도 없고, 내가 글을 써도 아무도 답글을 달거나, '좋아요'를 눌러주지 않을 것이기 때문이다.

새 사용자가 서비스에 들어왔을 때, 열흘 내에 일곱 명의 친구를 만들어 주면, 그 사용자는 페이스북이 그들에게 주는 가치를 받아들이고 지속적으로 사용하게 된다는 것, 이것이 페이스북 그로스 해킹팀이 해낸 '그들의 고객에 대한 이해'인 것이다.

이처럼 고객을 이해하는 것이 모든 성장의 출발점인데, 고객을 바르게 이해하는 것은 아주 어려운 일이다. 사람들은 누구나 객관적인 사실을 보는 것이 아니라, 자신이 보고 싶은 것을 보는 경향을 가지고 있기 때문이다. 따라서 고객을 바르게 이해하기 위한 도구들이 꼭 필요할 수 밖에 없는데, 그 도구들이 지금부터 소개될 그로스 해킹에서 사용되는 각종 분석, 실험 방법론이다. 이 방법론들은 학문적 토론을 위한 이론이 아니라 실질적인 결과를 만들어내기 위한 실천적인 도구이므로, 각자의 상황에 맞추어 적절히 변형하여 활용할 수 있는 능력을 길러야 한다.

고객을 이해하기 위한 이론 1
– AARRR 또는 깔때기 분석 Funnel Analysis

'AARRR'이라는 개념은 2007년 500스타트업(500 Startups, www.500.co)의 창립자로 유명한 데이브 맥클루어Dave McClure가 제시했다.

▲ 500스타트업의 창립자 등으로 유명한 데이브 맥클루어[7]

이 방법론은 사용자가 서비스를 최초로 인지하여(Acquisition, 인지), 첫 사용을 하고(Activation, 활성화), 나중에 또 사용을 하러 와서(Retention, 재사용), 매출도 발생시키고(Revenue, 매출 발생), 주변 사람들에게 써보라고 추천(Referral, 추천) 하는 과정을 단계적으로 나누어 분석하는 것으로, 각 단계들의 앞머리를 따서 AARRR[18]이라고 명명되었다.

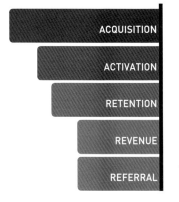

ACQUISITION

사용자들이 어떻게 당신의 제품을 처음 접합니까?

ACTIVATION

사용자들이 첫 사용에서 멋진 경험을 합니까?

RETENTION

사용자들이 당신의 제품을 다시 사용합니까?

REVENUE

당신의 제품은 어떻게 돈을 법니까?

REFERRAL

사용자들이 다른 사람에게 당신의 제품을 이야기 합니까?

▲ AARRR[19]

이 방법에 따라서 각 단계별로 사용자들이 얼마나 남아 있는지를 그려보면 그 모습이 마치 깔때기처럼 생겼기 때문에 AARRR을 '깔때기 분석'이라고 부르기도 한다.

17) https://about.me/davemcclure
18) 영어 문화권에서 해적들이 내지르는 소리를 표현하는 의성어와 닮아서 '스타트업을 위한 해적 측정법 (Startup Metrics for Pirates)' 이라 불리우기도 함 http://www.slideshare.net/dmc500hats/startup-metrics-for-pirates-long-version
19) http://startitup.co/guides/374/aarrr-startup-metrics

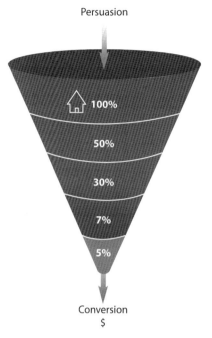

Persuasion

100%

50%

30%

7%

5%

Conversion
$

▲ 아래 단계로 갈수록 해당되는 사용자 수가 줄어들기 때문에 깔때기 같은 모양이 된다.

AARRR 개념을 활용할 때 가장 흔하게 저지르는 실수는 AARRR 의 개념에 우리 제품을 '끼워 맞추는 것'이다. AARRR을 제대로 활용하기 위해서는 우리가 만드는 제품의 가치에 따라 AARRR의 각 단계별 의미가 달라질 수 있고, 단계들의 순서도 바뀔 수 있다는 것을 이해해야 한다.

1) 제품이 추구하는 가치에 따라 달라지는 AARRR 단계의 의미

온라인 뉴스 서비스와 온라인 쇼핑몰을 비교해보자. 보통 온라인 뉴스 서비스는 사용자들에게 뉴스 콘텐츠와 함께 광고를 보여주어 돈을 벌고, 온라인 쇼핑몰은 사용자들이 물건을 구매하면 발생하는 판매 수수료를 통해서 돈을 번다.

온라인 뉴스 서비스의 경우 사용자가 뉴스 콘텐츠를 보았을 때 이미 광고를 접하게 되므로 매출이 발생한 셈이다. 하지만 이에 반해 온라인 쇼핑몰의 경우 사용자가 우리가 판매하는 상품의 웹페이지를 보았다고 하더라도, 실제 구매로 이어지지 않을 경우 매출은 발생하지 않는다. 따라서 온라인 뉴스 서비스의 경우 '뉴스 콘텐츠를 모두 읽은 것'이나 '뉴스레터 가입'을 활성화 단계로 정의해도 되지만, 온라인 쇼핑몰의 경우 '회원 가입-장바구니 담기 - 결제 - 배송 완료' 단계 전체를 활성화로 보는 것이 좀 더 옳은 접근이다.

Retention을 '재방문'이 아니라 '재사용'으로 해석하고 이해해야 하는 것도 같은 맥락이다. 온라인 뉴스 서비스의 가치는 '사람들이 읽을만한 뉴스 콘텐츠의 지속적인 제공'에 있으므로 우리 콘텐츠를 읽기 위해 '재방문'한 사용자들은 의미가 있는 사용자들이다. 하지만 온라인 쇼핑몰의 경우 어떤 사용자가 수백 번 '재방문'한다고 하더라도, 결제를 하지 않는다면 매출은 전혀 발생하지 않고 오히려 네트워크 비용만 증가할 뿐이다. 온라인 쇼핑몰의 가치는 '판매'에 있으므로 '판매가 지속적으로 이루어지는 것'을 측정해야 한다. 그렇기 때문에 Retention은 우리가 제공하는 가치를 사용자가 '재사용'하는 것으로 해석되고, 무엇을 우리의 '재사용'을 볼지는 제공되는 가치에 맞춰 다르게 정의되어야 한다.

2) 제품이 추구하는 가치에 따라 달라지는 AARRR 단계의 순서

위에서 언급된 온라인 뉴스 서비스, 온라인 쇼핑몰과 드랍박스 같은 클라우드 저장 공간 서비스나 부분유료화 기반의 모바일 게임을 비교해 보자.

클라우드 저장 공간 서비스는 보통 무료 저장 공간을 제공하고, 더 많은 저장 공간을 필요로 하는 사람들에게 유료 계정을 판매한다. 모바일 게임들은 유료 판매를 하는 경우도 있고, 광고를 통해서 돈을 버는 경우도 있다. 하지만 최근 모바일 게임의 상당수는 무료로 플레이를 하다가, 더 원활한 게임을 원하는 사람들에게 각종 유료 아이템을 판매해서 돈을 번다.

클라우드 저장 공간 서비스의 가치는 '파일의 저장하고 필요할 때 꺼내 보는 것'에 있기 때문에 활성화 단계를 클라우드에 사용자가 파일을 올리는 것으로 정의하고, 재사용 단계를 파일을 계속 저장하고 꺼내 보는 단계로 정의할 수 있을 것이다. 모바일 게임의 가치는 '재미'에 있기 때문에 사용자에게 게임의 재미를 알게 하기 위해서 튜토리얼Tutorial을 플레이 하는 것을 '활성화'로 정의할 수 있고, 게임을 계속 플레이 하는 것을 '재사용'으로 정의할 수 있을 것이다. 클라우드 저장 공간 서비스와 게임 둘 다 이렇게 계속 재사용을 하던 사람들이 '유료 서비스'를 결제하는 경우 매

출이 발생하므로 AARRR의 '인지 – 활성화 – 재사용 – 매출' 단계
가 맞는 것처럼 보인다.

하지만 이에 비해 온라인 뉴스 서비스는 사용자가 뉴스 콘텐츠
를 보는 순간 이미 광고가 노출되어 매출이 발생한 것이고, 온라
인 쇼핑몰 역시 사용자가 결제를 하는 순간 매출이 발생한다. 따
라서 이 둘은 '인지 – 활성화 & 매출 – 재사용'으로 활성화와 매출
단계가 사실상 붙어있다. 이처럼 AARRR의 단계별 순서도 우리가
고객들에게 어떤 가치를 제공하는 서비스인가에 따라서 바뀌게
된다.

AARRR을 통해 우리가 깨달아야 하는 것은, '우리의 사용자들
은 균일한 하나의 덩어리가 아니므로, '나누어 보는 것'이 필요하
다'는 사실이다. 사실 AARRR 말고도 사용자를 나누어 보는 방법
에 대해서 이야기하는 수많은 이론들이 존재한다. 이 모든 이론들
이 공통적으로 이야기하는 것은, 사용자들은 우리 제품을 접하고
그냥 떠나는 사람, 한 번만 사용해보고 그만두는 사람, 계속 사용
하는 사람, 너무 마음에 들어서 주변에 소문을 내는 사람까지 우
리 제품과 가지는 관계Engagement 수준이 다른 집단들로 나누어 볼
수 있고, 점점 더 깊은 관계를 만들어 가야 한다는 명확한 개선 방
향이다.

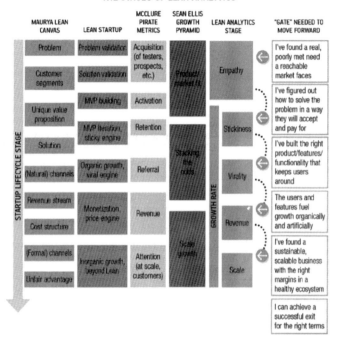

THE STAGES OF LEAN ANALYTICS

MAURYA LEAN CANVAS	LEAN STARTUP	MCCLURE PIRATE METRICS	SEAN ELLIS GROWTH PYRAMID	LEAN ANALYTICS STAGE	"GATE" NEEDED TO MOVE FORWARD
Problem	Problem validation	Acquisition (of testers, prospects, etc.)	Product/market fit	Empathy	I've found a real, poorly met need a reachable market faces
Customer segments	Solution validation				I've figured out how to solve the problem in a way they will accept and pay for
Unique value proposition	MVP building	Activation			
	MVP iteration, sticky engine	Retention		Stickiness	I've built the right product/features/ functionality that keeps users around
Solution			Stacking the odds		
(Natural) channels	Organic growth, viral engine	Referral		Virality	The users and features fuel growth organically and artificially
Revenue stream	Monetization, price engine	Revenue		Revenue	I've found a sustainable, scalable business with the right margins in a healthy ecosystem
Cost structure					
(Formal) channels	Inorganic growth, beyond Lean	Attention (at scale, customers)	Scale growth	Scale	
Unfair advantage					I can achieve a successful exit for the right terms

STARTUP LIFECYCLE STAGE

GROWTH RATE

▲ 사용자들을 나누어 볼 수 있는 다양한 이론들[20]

AARRR에 따라 우리 사용자들을 각 단계별로 펼쳐 놓게 되면 제품에 어떤 문제가 있는지, 어떻게 개선하면 될지가 명확해진다.

• 문제 인식 및 개선 예시 1 – 인지 단계에 비해 활성화 단계의 비

---

20) Alistair Croll, Benjamin Yoskovitz – Lean Analytics: Use Data to Build a Better Startup Faster (2013)

율이 현저히 떨어지는 경우 : 사람들이 제품을 접했으나 도대체 무엇을 하는 것인지 모르고 나가버리는 상황이라고 분석할 수 있다. 웹사이트라면 창을 닫아버리는 것, 앱이라면 앱을 지워버리는 것에 해당한다. 사용자들이 처음 접하는 화면에서 이 제품이나 서비스를 통해 무엇을 할 수 있는지 명확하게 알려주고, 제일 중요한 핵심 기능 버튼을 눈에 잘 띄게 만들어서 해결할 수 있다.

• 문제 인식 및 개선 예시 2 - 활성화 단계에 비해 재사용 단계의 비율이 현저히 떨어지는 경우 : 사람들이 제품이나 서비스를 한 번 사용했지만, 지속적으로 사용하지는 않는 상황이라고 분석할 수 있다. 사용자들에게 우리가 제공하는 가치 자체를 제대로 못 느끼는 경우일 수도 있지만, 사용자가 우리 서비스를 잊어버려서일 수도 있다. 제품이나 서비스의 가치 자체에 문제가 있다면, 서비스를 근본부터 다시 설계해야 한다. 만약 사람들의 기억을 못하는 경우가 많다면, 적절한 이메일, 푸시 알림 발송 등으로 개선할 수 있다.

우리가 제공하고 있는 것이 전자 상거래 플랫폼인지, 온라인 뉴스 서비스인지, 게임인지에 따라서 각 단계를 정의라는 것은 달라질 수 있다. 하지만 단계별로 사용자 이탈 비율을 줄여나가야 한다는 목표 자체는 모두 동일하다.

앞서 언급한 페이스북의 사례를 AARRR 분석 관점으로 풀어 쓴

다면 다음과 같은 과정이 될 것이다.

- AARRR 단계 정의 : 페이스북 가치에 맞는 AARRR 단계를 정의
- 문제 인지 : 페이스북에 가입(=활성화)하는 비율에 비해서 재 방문(=재사용)하는 비율이 낮은데, 가입 후 지속적으로 사용 하는 사람들과 한 번 가입 후엔 쓰지 않는 사람들 사이에는 어 떤 차이점이 있을까?
- 데이터 분석 : 두 집단 비교 분석[21]
- 분석 결론 : 10일 이내에 7명의 친구가 생기면 페이스북을 재 사용(Retention)하는 비율이 급격히 올라감
- 적용 : 10일 이내에 7명의 친구를 만들어 주니까 가입 후 지속 적으로 페이스북을 재사용하는 비율(Retention)이 증가

AARRR이 실제 서비스 개선에 어떻게 활용될 수 있는지, 필 자가 만들고 있는 로켓펀치(RocketPunch, www.rocketpunch. com)의 사례를 통해 살펴보겠다.

---

21) 이후 언급할 코호트 분석(Cohort Analysis)

▲ 로켓펀치 웹사이트

- 2013년 1월 '스타트업[22]Start Up 기업 정보 & 채용 서비스'로 런칭
- 2016년 여름 현재 50,000명 이상의 전문가 프로필과 8,000개 이상의 스타트업 기업 정보, 16,000개 이상의 채용 정보를 기반으로, 구직자 및 재직자들이 비즈니스에 관련된 정보를 쉽게 찾을 수 있다. 본인의 커리어를 지속적으로 성장시킬 수 있는 공개된 비즈니스 프로필 기반의 커리어 플랫폼으로 발전 중
- 2015년 07월 실리콘밸리 기반 투자사인 사제파트너스로부터 ₩110,000,000 엔젤 투자유치, 2016년 09월 서울 산업통상진흥원에서 전략 투자 유치

---

22) 미국 실리콘밸리에서 생겨난 용어로서, 혁신적 기술과 아이디어를 보유한 설립된 지 얼마되지 않은 창업 기업을 지칭한다. '벤처기업'과 거의 동일한 개념이다.

로켓펀치 서비스 초창기였던 2013년 하반기 가장 많은 사용자가 유입되는 페이지는 '블로그' 메뉴였다. 개발자 인터뷰, 개.친.연('개'발자 '친'구들은 '연'애를 하지)등의 콘텐츠가 큰 인기를 끌어서, 단 하나의 블로그 포스팅에 그날 하루 10만명이 방문하는 경우도 있었다. 하지만 과연 로켓펀치는 옳은 방향으로 가고 있었을까? 2013년 말 로켓펀치의 AARRR 단계는 아래와 같이 정의할 수 있다.

〈개인 사용자의 AARRR 단계 정의〉

인지	로켓펀치 방문
활성화	기업 정보 확인, 채용 정보 확인
	로켓펀치 회원 가입
재사용	기업 정보, 채용 정보 확인 반복

〈기업 사용자의 AARRR 단계 정의〉

인지	로켓펀치 방문
	기업 정보 확인, 채용 정보 확인
	로켓펀치 회원 가입
활성화	기업 정보 등록
	채용 정보 등록
재사용	채용 정보 재등록
매출 발생	채용 광고 상품 활용

당시 로켓펀치의 핵심 가치는 방문자들에게 스타트업들의 기업 정보와 채용 정보를 제공하는 것이었다. 따라서 아무리 많은

사용자들이 방문한다고 하더라도 개인 사용자가 채용 정보를 확인하거나, 기업 사용자가 채용 정보를 등록하지 않으면 로켓펀치는 제대로 성장하고 있다고 할 수는 없었다.

그런데 구글 어낼리틱스(Google Analytics, www.google.com/analytics)로 분석해본 결과 사람들이 가장 많이 방문하고 있는 블로그 메뉴의 '팅김 비율'[23]Bounce Rate이 로켓펀치 내 타 메뉴와 비교했을 때 아주 높게 나왔다.

	사이트 내 블로그 외 메뉴	블로그 메뉴
팅김 비율	62%	88%

이 데이터를 통해 블로그 방문객들 중 열에 아홉은 블로그 포스팅을 단 1개만 보고 대부분 사이트를 빠져나간다는 것을 알 수 있다. 즉, 아무리 많은 사람들이 로켓펀치 블로그를 방문하더라도 로켓펀치 성장의 핵심인 회원 가입, 채용 정보 확인, 기업 회원으로의 전환은 제대로 되고 있지 않다는 뼈아픈 사실을 확인할 수 있었다. 이 것을 개선하기 위해서 로켓펀치 팀은 사람들이 로켓펀치 블로그 포스팅을 다 읽었을 것이라고 판단될 때, 회원 가입을 유도하는 기능을 제공하기로 했다.

대부분의 사람들은 어떤 웹페이지를 아래로 스크롤해서 다 읽고 웹페이지를 빠져나가기 전에 무의식적으로 몇 픽셀 정도 위로

---

23) 웹페이지에 접근한 사용자가 웹사이트 내 다른 페이지로 이동하지 않고 바로 웹사이트를 떠나는 비율. 당연히 이 비율은 낮을수록 좋다.

스크롤을 하는 경향이 있다. 사람들의 이런 사용 패턴을 응용해서 사람들이 웹페이지 최하단에서 몇 픽셀 정도 위로 스크롤을 하면 회원 가입을 유도하는 팝업을 띄울 수 있다. 페이지 스크롤을 감지하는 것은 간단한 스크립트로 어렵지 않게 구현할 수 있다.

어떤 사람이 로켓펀치 블로그에 처음 방문했을 때, 그 사용자가 블로그 포스팅을 다 읽었다고 판단 되면 아래와 같은 레이어 팝업을 보여주었고, 신규 방문자의 회원 가입 비율은 적용 전 대비 3배 이상 상승했다.

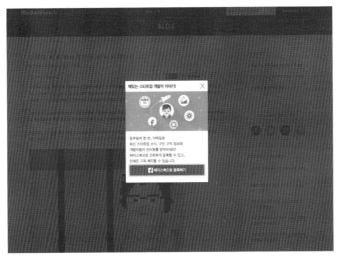

▲ 로켓펀치 최초 방문자들이 블로그 포스팅을 다 읽으면 보게 되는 회원 가입 유도 레이어 팝업

이런 레이이 팝업은 소셜 커머스 등에서도 널리 사용되고 있지만, 로켓펀치가 특히 큰 효과를 볼 수 있었던 것은 두 가지 이유가

있다. 소셜 커머스 등에서 볼 수 있는 회원 가입 유도 팝업은 사용자가 아직 페이지를 다 보기도 하기도 전에 먼저 뜨는 경우가 많기 때문에, 해당 페이지의 콘텐츠를 확인하고 싶은 사용자는 팝업을 거의 반사적으로 닫아버린다. 하지만 로켓펀치는 콘텐츠를 다 읽은 상황에서 물어보는 형태를 취했기 때문에 사용자들이 훨씬 호의적으로 반응한 것이다.

두 번째로 로켓펀치는 페이스북을 통해 원클릭에 회원 가입을 할 수 있는 방법을 제공하고 있었기 때문에, 레이어 팝업의 효과가 극대화될 수 있었다. 복잡한 회원 가입 방법 없이 단 한 번의 클릭으로 모든 과정이 마무리 되기 때문에, 이후 회원 가입 단계에서 사용자 이탈이 없었다.

로켓펀치의 이 사례에서 가장 중요한 것은 실제 레이어 팝업 시스템 개발은 채 하루도 걸리지 않았다는 사실이다. 대부분의 프로젝트가 가진 가장 큰 문제는, '무엇이 문제인지 모르고 있는 것'이다. 문제를 알면 사실 해결 방법들은 구현하기 아주 쉬운 것들이 많다. AARRR은 사용자들을 여러 단계로 나누어 봄으로써 우리가 문제를 발견할 수 있는 훌륭한 방법이다.

고객을 이해하기 위한 이론 2
– 코호트 분석Cohort Analysis

그로스 해킹 관점에서 고객을 이해하는 두 번째 방법은 코호트 분석이다. 코호트Cohort란 '통계에서 같은 인자를 공유하는 집단'

이라는 뜻인데, '특정 기간 내에 가입한 사용자' 등을 하나의 집단으로 묶어서 시간에 따른 변화를 측정할 수 있다. 이것을 아래 이미지와 함께 좀 더 자세히 설명하려고 한다.

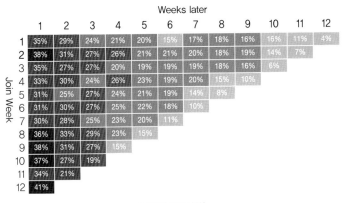

| | Weeks later | | | | | | | | | | | |
	1	2	3	4	5	6	7	8	9	10	11	12
1	35%	29%	24%	21%	20%	15%	17%	18%	16%	16%	11%	4%
2	38%	31%	27%	26%	21%	21%	20%	18%	19%	14%	7%	
3	35%	27%	27%	20%	19%	19%	19%	18%	16%	6%		
4	33%	30%	24%	26%	23%	19%	20%	15%	10%			
5	31%	25%	27%	24%	21%	19%	14%	8%				
6	31%	30%	27%	25%	22%	18%	10%					
7	30%	28%	25%	23%	20%	11%						
8	36%	33%	29%	23%	15%							
9	38%	31%	27%	15%								
10	37%	27%	19%									
11	34%	21%										
12	41%											

(Y축: Join Week)

▲ 주단위 코호트 분석

위 이미지는 12주 동안 각 주 별로 가입한 사용자들이, 가입 후 1주가 경과할 때마다 우리 서비스에 얼마나 남아 있는지를 보여주는 코호트 분석 결과다. Y 축은 사용자들이 가입한 주를 나타내며, X 축은 그 주로부터 경과한 시간을 나타낸다. 이 표를 보면서 우리는 아래와 같은 사실을 알 수 있다.

- 가입한 주Join Week가 1~3인 집단을 보면, 우리 사용자들은 10주차가 지나면서 급격하게 떨어져 나가는 경향이 있다는 것을 확인할 수 있다. 우리 서비스가 게임이라면, 10주가 되면 사용자들이 모든 게임 콘텐츠를 소비했다는 의미일 것이고, 전자상

거래 서비스라면 더 이상 우리가 가진 상품에 흥미를 느끼지 않는다는 의미일 것이다. 10주차 이후에 사용자들을 계속 우리 서비스로 들어오게 할 수 있는 방법이 필요하다는 생각을 도출할 수 있다.

- 경과된 주Weeks Later 1만 모아보면, 가입한 주 1에서는 35%로 시작했던 수치가 가입한 주 2에서 38%까지 올라갔다가 주 7까지는 31%로 줄어들고, 이후에 다시 41%까지 상승한 것을 볼 수 있다. 이 기간 동안 사용자 유입 채널이 동일한 상태에서 우리가 어떤 기능을 추가적으로 개발했다면, 주 3부터 주 7까지는 오히려 서비스가 나빠졌고 이후에는 이 문제가 개선된 것으로 생각된다. 또 만약 이 기간 동안 우리가 각각 다른 마케팅 채널을 활용했다면, 주 3부터 주 7까지 사용했던 채널보다 주 8부터 주 12까지 사용했던 채널이 더 좋다는 결론을 도출할 수도 있다.

이렇듯 코호트 분석은 서로 다른 집단의 분석을 통해 우리 제품의 성장이 개선되고 있는지, 혹은 나빠지고 있는지에 대한 정보를 알려준다.

코호트 분석을 활용할 때 가장 흔하게 저지르는 실수는 역시 코호트 분석의 기초 개념에 우리 제품을 '끼워 맞추는 것'이다. AARRR과 마찬가지로, 코호트 분석을 제대로 활용하기 위해서는 우리가 만드는 제품의 가치에 따라 코호트 시간 단위를 다르게 설정할 수 있어야 한다. 또 코호트가 보통 이야기되는 것처럼 반드시 '시간'만을 의미하는 것은 아니라는 것을 이해해야 한다.

1) 시간을 코호트로 잡아 분석하는 올바른 방법

앞서 언급된 것처럼 시간을 코호트로 잡아서 분석할 때 시간 단위를 '주'로 잡는 경우가 많다. 하지만 코호트 분석을 통해서 우리 제품의 개선점을 제대로 도출하기 위해서는 우리가 제공하는 가치에 맞는 적절한 시간 단위를 선택해야 한다.

예를 들어 우리가 만들고 있는 제품이 카카오톡 같은 '메시징 플랫폼'이라고 가정해 보자. 메시징 플랫폼이 사람들에게 제대로 가치를 주고 있다면, 당연하게도 사람들이 하루에도 여러 번 사용하고 있어야 한다. 그런데 어떤 제품 내, 외적인 문제가 발생하여 사람들이 하루에 수회 이상 사용하던 경향이 1주일에 수회 사용하는 것으로 바뀌어 가고 있다고 생각해보자. 이는 분명 커다란 문제이며 반드시 대응을 해야 한다. 그런데 코호트를 주 단위로 설정해서 보고 있다면, 하루에 수회 사용하던 경향이 일주일에 수회 사용하는 것으로 바뀐다고 하더라도 그 변화를 인지하기는 어렵다. '주'를 단위를 코호트로 잡았을 때는 그 주에 그 제품을 한 번이라도 사용했다면 '활성 사용자'로 표시가 되므로 일 수회 쓰던 경향이, 주 수회 쓰는 경향으로 바뀌더라도 코호트 분석 상으로는 변화가 없는 것이다. 일단위로 자주 쓰는 것이 중요한 서비스라면 코호트 시간 단위는 '주'가 아니라 '일'이어야 한다.

다른 예로 온라인 채용 정보 제공 서비스를 생각해보자. 우리가 만들고 있는 서비스가 제대로 동작하고 있다면, 구직자는 얼마간 구직 활동을 한 후 우리 서비스를 잠시 떠나야 한다. 구직 활동이 완료되었기 때문이다. 우리가 만드는 채용 서비스를 통한 구직 활동에 1주 정도를 쓰고 취업이 되어 구직 활동을 완료한 후, 1년 후 다시 접속해서 구직 활동을 하는 패턴은 지극히 자연스러운 경향이다. 일반적으로 다시 구직 활동을 하게 되는 것은 적어도 1년 정도가 지난 시점이기 때문이다. 그런데 이런 서비스를 '주' 단위 코호트로 분석한다면 어떻게 될까? 아주 단순화시킨다면, 1주차의 활성 사용자가 2주차부터 50주차까지는 모두 0으로 표시될 것이다. 서비스는 제대로 동작하고 있음에도 불구하고 말이다. 따라서 사용자가 1년에 한두 번 사용해도 충분한 가치를 느낄 수 있는 서비스라면 코호트 단위는 최소한 월 단위 이상, '월, 분기, 반기' 등이 되어야 할 것이다.

우리 서비스가 사람들에게 제공하는 가치를 인지하고, 그게 맞는 코호트 시간 단위를 설정해서 분석하는 것이 올바른 코호트 분석 방법이다.

2) 시간 외 요소를 코호트를 잡아 분석하는 방식

시간 말고 다른 요소를 통해서 코호트 분석을 수행할 수 있다. 예를 들어 우리가 유료 광고를 집행하고 있는 채널이 네이버(Naver, www.naver.com)와 페이스북 두 가지가 있다고 가정해 보자. 이 두 개의 채널을 통해서 가입한 사용자들 중 어떤 사용자 집단이 우리 서비스에 더 오랫동안 남아 있는지를 코호트 분석을 통해 확인할 수 있다.

	1주차	2주차	3주차	4주차	5주차	6주차	7주차	8주차
네이버 통한 가입자	100%	40%	10%	5%	4%	4%	3%	3%
페이스북 통한 가입자	100%	60%	30%	15%	10%	10%	8%	8%

이 두 집단의 코호트 분석 결과가 위와 같이 나왔을 때, 네이버를 통해서 가입한 사용자보다 페이스북을 통해 가입한 사용자가 더 오랫동안 남게 된다는 것을 알 수 있고, 네이버보다 페이스북에 광고 예산을 높이는 것을 고려할 수 있다.

AARRR과 마찬가지로, 코호트 분석을 수행할 때 비교 항목을 무엇으로 삼을 것인지, 시간을 비교 항목으로 잡았을 경우 기간을 어떻게 다르게 잡아야 할지 등을 우리가 만드는 제품의 가치에 맞춰 자유자재로 활용할 수 있는 능력이 꼭 필요하다.

코호트 분석의 이해를 돕기 위해, 위에서 언급한 페이스북의 사례를 이번에는 코호트 분석 관점에서 풀어 보려고 한다. 현재 단계에서 이미 AARRR 분석을 통해 10일 동안 7명의 친구를 만들어 주는 것이 중요하다는 것을 발견했다고 가정하자.

- 코호트 설정 : 10일 동안 7명의 친구를 만들어주는 가장 좋은 방법을 확인하기 위해 두 집단을 정의한다. 새 사용자의 전화번호부에 있는 친구 정보를 가져온 후 '1) 새 사용자가 전화번호부에 있는 친구들에게 친구 신청을 하게 하는 집단 2) 전화

번호부에 있는 친구들에게 당신의 친구가 새 사용자로 가입했으니 친구 신청을 하라고 알려주는 집단'으로 구분한다.

- 데이터 누적 : 충분한 기간 동안 두 집단의 데이터를 기록한다.
- 데이터 비교 : 누적된 데이터를 분석하여 어떤 방법이 더 효율적으로 10일 동안 7명의 친구를 만들어 주고, 최종적으로 더 많은 사용자들을 페이스북에 남게 하는지 기록한다.
- 결론 적용 : 더 좋다고 확인된 방법을 전체 사용자들을 대상으로 적용한다.

코호트 분석이 실제 서비스 개선에 어떻게 활용될 수 있는지, 필자가 과거에 만들었던 클럽믹스[24](ClubMix, www.clubmix.com)의 사례를 살펴보려고 한다.

---

24) 2015년 별도의 회사로 분리

▲ 클럽믹스 웹사이트

▲ 클럽믹스 모바일 앱

- 2010년 가을 런칭한 클럽과 모바일 사용자들을 연결해주는 O2O 서비스로 클럽판 '배달의민족'이라고 볼 수 있다. 명확한 시장을 빨리 선점하여 많은 사용자들을 확보했다. (1년 만에 누적 다운로드 50만)
- 클럽믹스는 사용자 커뮤니티를 기반으로 클럽과의 제휴 마케팅을 통해 사용자들에게 클럽 무료 입장 혜택을 제공해서 돈을 벌었다. 예를 들면 클럽믹스 앱을 통해 제휴 클럽에 자정 전에는 무료 입장을 할 수 있는 형태였다. 클럽 입장에서는 자정 전에는 아직 입장객들이 적어 어차피 '놀리고 있는 인적 자원과 공간[25]'이 있는 상태인데, 한 번 입장하면 술 몇 잔은 구매하게 되므로 클럽믹스 제휴를 통해 자정 전에 입장객을 많이 유치하는 것이 전체 매출을 끌어올리는 효과가 있었던 것이다.

클럽믹스 사용자가 웹에서도 유사한 기능을 제공하지만, 외부에서 정보를 바로 바로 확인할 수 있는 모바일 앱 사용량이 압도적인 서비스다. 따라서 AARRR 분석은 아래와 같이 할 수 있다. 서비스 특성을 고려했을 때, 매출 단계 다음에 재사용 단계가 위치하는 것을 눈여겨 보자.

---

25) 자정 전이라고 해도 모든 직원들은 출근해 있지만, 정작 손님들이 없으므로 공간 임대 비용, 직원 임금만 나가고 있는 상태라고 볼 수 있다. 초창기 '소셜 커머스'의 50% 할인 판매 상품과 유사한 개념이다.

단계	회원
인지 (Acquisition)	서비스 인지 및 앱 다운로드
활성화 (Activation)	회원 가입
매출 (Revenue)	클럽 무료 입장 티켓 발급
재사용 (Retention)	커뮤니티 참여 및 티켓 지속 발급
추천 (Referral)	주변에 추천

2014년 중반 클럽믹스의 가장 큰 문제는 '클럽 무료 입장 티켓 발급 수가 더 이상 늘어나지 않는다는 것'이었다. 클럽 무료 입장 티켓 발급 수가 더 늘어나지 않는 것은, 앱 다운로드 후 신규 회원 가입 비율이 낮거나, 신규 티켓 발급 비율이 낮은 것에 기인한 것으로 예상하고 데이터를 분석했는데 실제 결과는 예상과 달랐다.

〈AARRR 분석〉

단계	회원	당초 예상	실제 분석 결과
인지 (Acquisition)	서비스 인지 및 앱 다운로드	100%	100%
활성화 (Activation)	회원 가입	40%	70%
매출 (Revenue)	클럽 무료 입장 티켓 발급	20%	51%
재사용 (Retention)	커뮤니티 참여 및 티켓 지속 발급	10%	8%
추천 (Referral)	주변에 추천	−	−

예상과 달리 앱을 다운로드 받은 사용자 2명 중 1명은 클럽 무료 입장 티켓을 발급 받으나, 커뮤니티 참여나 티켓 재 발급 비율이 낮았다.

〈코호트 분석〉

Cohort	1st	2nd	3rd	4th	5th	6th
Week 5	100%	9.09%	5.85%	5.85%	6.10%	4.73%
Week 6	100%	10.03%	6.91%	6.25%	5.92%	5.92%
Week 7	100%	9.75%	6.38%	4.08%	5.50%	
Week 8	100%	9.54%	8.48%	6.36%		
Week 9	100%	9.68%	7.47%			

코호트 분석을 해보면, 이런 경향을 더욱 확실히 알 수 있다. 1주차에 티켓을 발급 받은 사용자들을 100%로 가정했을 때 그 다음 주에 티켓을 다시 발급 받는 비율이 거의 1/10으로 떨어진다. 아직 정확한 이유는 알 수 없지만 사용자들이 한 번 사용한 후에는 지속적으로 사용하지 않고 있고, 이 때문에 성장이 정체된 것이다.

원인을 다각도로 분석해본 결과 클럽들이 현장에서 클럽믹스로 온 고객들을 자체 고객 관리 시스템으로 끌어들이고 있다는 사실을 확인할 수 있었다. 예를 들어 클럽믹스를 통해서 온 입장객들에게 '앞으로는 클럽믹스를 통하지 않고, 직접 연락하고 오셔도 됩니다'라고 클럽 영업팀의 연락처를 알려주는 것이다. 이를 해결하기 위해 당시 클럽믹스 팀은 이런 가설을 수립했다.

- 한 번 클럽 무료 입장 티켓을 발급 받은 사용자들을 대상으로, 클럽믹스에는 단순히 입장 티켓 발급 외에도 커뮤니티 기능 등 다양한 놀거리가 있다는 사실을 이메일로 알려주자!
- 이 기능이 의도한 대로 동작한다면, 2주차 사용률이 개선되어

성장을 달성할 수 있을 것이다.

이것을 실제로 구현한 후 2주차 사용량은 변화는 아래와 같이
나타났다.

Cohort	1st	2nd	3rd	4th	5th	6th
Week 5	100%	9.09%	5.85%	5.85%	6.10%	4.73%
Week 6	100%	10.03%	6.91%	6.25%	5.92%	5.92%
Week 7	100%	9.75%	6.38%	4.08%	5.50%	
Week 8	100%	9.54%	8.48%	6.36%		
Week 9	100%	9.68%	7.47%			
Week 10	100%	13.26%				

절대값으로는 (13.26% - 9.68%) = 3.5%p 정도 상승한 것으로
보이지만, 상대값으로 보면 2주차 사용률이 기존 사용자에 비해서
이메일 하나로 기존 대비 (3.5% / 9.68%) = 37% 가 상승한 것이다.

이것은 성장에 영향을 미치는 충분히 의미있는 개선 수치인
데, 언뜻 보기에는 별 것 아닌 것 같은 작은 개선들이 어떻게 최
종적으로는 커다란 개선이 되는지는 다음 장에서 더 설명하도록
하겠다.

AARRR, 코호트 분석과 PV, UV 통계의 차이 : 행동적 지표 vs. 허상적 지표

보통 서비스에 대한 통계를 잡고, 보고서를 작성할 때 페이지
뷰Page View, 순방문자Unique Visitor, 총 다운로드 수Download, 사이트

내 체류 시간Time on Site 등을 사용하는 경우가 많다. 하지만 이런 숫자들은 속칭 허상적 지표Vanity Metric라 불리울 만큼, 제품을 만들고 개선하는 입장에서는 아무런 의미가 없다. 왜냐하면 이런 지표들은 우리 비즈니스의 현재 결과가 이정도 된다는 것을 알려줄 뿐, 제품이 개선되고 있는지, 나빠지고 있는지, 혹은 어떤 방향으로 나아가야 하는지에 대해서는 전혀 알려주지 않기 때문이다.

간단한 예로 우리가 투자가라고 가정을 하고 두 개의 잠재적인 투자 가능 모바일 서비스를 살펴보자.

- 모바일 앱 A : 총 100만 다운로드 / 우연히 뉴스에서 이슈가 되어 한 달 만에 100만 다운로드를 달성했지만 현재 지속적인 사용 비율은 10% 미만
- 모바일 앱 B : 총 다운로드 5만 / 아직 많은 사용자를 모으지는 못했지만, 한 번 다운로드한 사용자 중 85% 이상이 지속적으로 사용함

우리가 투자가라면 어디에 투자하는 게 좋을까? 당연히 B가 더 매력적이다. 총 다운로드 같은 숫자만 놓고 보면, A가 압도적으로 좋아 보이지만, A는 점점 사용량이 줄어들 것이고, B는 금새 A 이상의 사용량을 확보할 것이다.

이렇듯 AARRR, 코호트 분석이 의미가 있는 것은, 서비스에서 개선되어야 할 점과 나아가야 할 방향을 알려주어 비즈니스가 지속적으로 성장할 수 있는 통찰력을 제공해 주는 행동적 지표 Actionable Metric이기 때문이다.

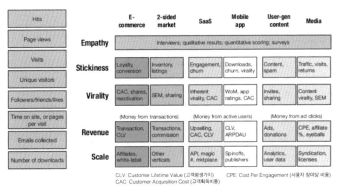

| | | [허상적 지표] | | [행동적 지표] |
| | | | | |

[허상적 지표]
- 페이지뷰, 방문자
- 일/주/월 활성 사용자
- 인당평균매출(ARPU)
- 총 가입자 수, 총 다운로드 수
- 전체 매출
- etc.

[행동적 지표]
- 사용자 유입 경로
- 사용자 유입 경로별 회원 가입 비율
- 각 단계별 이탈율 (Bounce Rate)
- 각 단계 사용자별 재방문 비율
- 각 단계별 추천 비율
- etc.

"그래서 어쩌라고?" ➡ "그러니까 이걸 개선 해봐야겠다"

▲ 허상적 지표 vs. 행동적 지표

	E-commerce	2-sided market	SaaS	Mobile app	User-gen content	Media
Empathy	Interviews; qualitative results; quantitative scoring; surveys					
Stickiness	Loyalty, conversion	Inventory, listings	Engagement, churn	Downloads, churn, virality	Content, spam	Traffic, visits, returns
Virality	CAC, shares, reactivation	SEM, sharing	Inherent virality, CAC	WoM, app ratings, CAC	Invites, sharing	Content virality, SEM
Revenue	(Money from transactions)		(Money from active users)		(Money from ad clicks)	
	Transaction, CLV	Transactions, commission	Upselling, CAC, CLV	CLV, ARPDAU	Ads, donations	CPE, affiliate %, eyeballs
Scale	Affiliates, white-label	Other verticals	API magic #, mktplace	Spinoffs, publishers	Analytics, user data	Syndication, licenses

(좌측 항목)
Hits
Page views
Visits
Unique visitors
Followers/friends/likes
Time on site, or pages per visit
Emails collected
Number of downloads

CLV: Customer Lifetime Value (고객평생가치)
CAC: Customer Acquisition Cost (고객획득비용)
CPE: Cost Per Engagement (사용자 참여당 비용)

▲ 허상적 지표 vs. AARRR[16] 단계

　　그로스 해킹은 이렇듯 데이터 분석이라는 이론적 토대 위에서 사용자들에게 주는 가치를 높이기 위한 지속적인 고민 과정이다. 우리 제품이 사용자에게 올바른 가치를 전달하기 위해서 무엇을 개선해야 할지 알기 위해 끝없이 고민하는 과정이며, 그 과정에서 사용할 수 있는 생각의 도구가 AARRR, 코호트 분석 같은 이론들이다. 서비스 특성에 따라 활용할 수 있는 더 다양한 분석 기법들이 존재할 수 있지만, 중요한 것은 '분석'이 아니라 '실행'이기에 간단한 분석과 개선부터 진행하면서 팀 모두가 이런 관점에 대해서 공감하고 함께 해결해 나가는 '문화'를 구축하는 것이 중요하다. 그로스 해킹은 실천으로 완성되는 것이기 때문이다.

---

26) Lean Analytics workshop (from Lean Startup Conf http://www.slideshare.net/
Leananalytics/lean-analytics-workshop-from-lean-startup-conf)

CHAPTER 02

성장 모델

그로스 해킹에 대한 사례들을 접하고 실제 업무에 적용해도 결과가 신통치 않다는 말을 종종 접하게 된다. 이런 문제가 발생하는 가장 큰 이유는 성공 사례를 본인들의 제품에 단순히 모방해서 적용하기 때문이다. 하나의 커다란 그로스 해킹 성공 사례 뒤에는 사업의 본질에 대한 깊은 고민과 수많은 실험들이 반드시 존재한다. 이런 맥락을 고려하지 않고 단지 그 아이디어만 우리들의 제품에 적용하면 당연히 결과가 좋을 수가 없다.

우리는 현재 만들고 있는 제품의 본질에 부합하는 성장 방법을 선택하고, 그 방법에 따라 많은 아이디어를 도출할 수 있어야 한다. 우리가 접하는 그로스 해킹 성공 사례들은 아이디어 도출을 위한 방법 중의 하나로 의미가 있을 뿐이다. 많은 아이디어들이 도출된 다음에는 그 아이디어들의 우선 순위를 정해서 하나씩 실행할 수 있어야 하고, 이 모든 프로세스를 팀 내에 내제화하여 지속적으로 성장을 추구해 나갈 수 있어야 한다. 이번 장에서는 우리 서비스의 본질에 부합하는 성장 방법을 선택할 수 있는 '성장 모델' 개념을 먼저 이해하고, 다음 장에서는 여러 성장 아이디어들의 우선 순위를 정해 하나씩 실행할 수 있는 '성장 로드맵' 개념을 살펴보려고 한다.

성장 모델Growth Model 이해하기

'시장을 이기는 사업은 없다'는 말이 있다. 세상의 변화로 시장이 작아지면 사업도 어려워질 수 밖에 없고, 반대로 시장이 커지면 사업도 빠르게 커질 수 있으므로 사업 아이템보다 '시장'을 잘 볼 수 있어야 한다는 뜻이다. 우리 회사가 아무리 세상에서 제일 좋은 카메라 필름을 만드는 기술을 보유하고 있어도, 디지털 카메라가 대세가 되면서 더 이상 사람들이 카메라 필름을 찾지 않게 되면 회사의 사업은 작아질 수 밖에 없다.

이 개념을 제품 관점에서는 '고객의 삶을 이기는 제품은 없다'고 바꿔 생각해볼 수 있다. 인류의 삶을 놓고 봤을 때, 결혼식이나 장례 용품처럼 일생에 많아야 한두 번 구매하는 제품이나 서비스가 있고, 유아 장난감처럼 특정 기간 동안 집중적으로 구매하고 그 이후에는 구매하지 않는 제품이나 서비스가 있으며, 주방 세제나 화장품처럼 일년에도 여러 번씩 거의 평생 동안 구매하는 제품이 있다. 우리 회사가 아무리 세상에서 제일 좋은 웨딩드레스를 만든다고 하더라도 평균적으로 한 고객에게 우리 제품을 한 번 이상 판매하기는 어렵다.

▲ 웨딩 서비스 플랫폼 하우투메리(HOW TO MARRY, www.how2marry.com)의 고객 사용 패턴은 일반 쇼핑몰의 고객 패턴과 다를 수 밖에 없음

이렇게 사업과 서비스가 다른 것처럼, 성장 전략도 당연히 달라야 하는데, 단순히 어떤 성공 사례만을 그대로 가져와 우리 사업에 적용하게 되면, 당연히 그 결과가 좋을 수가 없다.

이런 '다름'을 이해하고, 우리 사업과 서비스에 맞는 성장 전략을 선택하는 것이 바로 성장 모델Growth Model의 개념이다. 성장 모델 개념을 깊게 이해하기 위해, 모바일 앱 분석 서비스를 제공하는 플러리(Flurry, www.flurry.com[1])에서 23만개 이상의 실제 앱 데이터를 기반으로 공개한 아래 그래프를 살펴보자.

---

1) 야후!(Yahoo!)에 인수된 후 현재는 https://developer.yahoo.com/ 로 연결

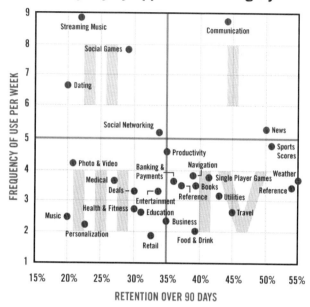

Loyalty by Application Category

카테고리에 따른 사용자들의 이용 패턴[2]

- X 축은 '90일 동안 얼마나 많은 사용자들이 떠나지 않고 남아 있는가?'에 대한 척도다. 숫자가 높을수록 (=오른쪽에 위치할수록) 더 많은 사람들이 떠나지 않고 우리 서비스를 꾸준히 사용하고 있다는 것을 의미한다. → 27% 정도인 의료 Medical 서비스보다 55%인 날씨Weather 서비스는 사용자가 최

---

2) App Engagement: The Matrix Reloaded http://flurrymobile.tumblr.com/post/113379517625/app-engagement-the-matrix-reloaded

초로 서비스를 접한 후 석 달이 지났을 때 약 2배 더 많은 사용자들이 남는다.

- Y 축은 '한 주 동안 몇 번이나 서비스를 실행했는가?'에 대한 척도다. 숫자가 높을수록(=위쪽에 위치할수록) 사람들이 일주일 동안 더 자주 사용한다는 것을 의미한다. → 3.7회 정도인 의료Medical 서비스보다 6.8회 정도인 데이팅Dating 서비스는 사용자들이 일주일에 약 두 배 더 자주 사용한다.

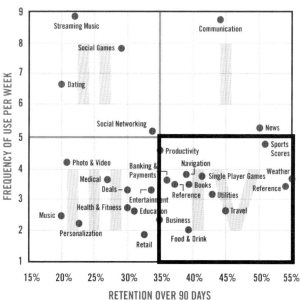

▲ 앱 카테고리에 따른 사용자들의 이용 패턴

그래프의 오른쪽 아래 4사분면에는 날씨나 여행 서비스 등이 위치하고 있다.

우리가 날씨 정보를 능동적으로 찾아보는 경우를 생각해 보자. 우리는 비가 올 것 같거나 날이 갑자기 추워질 것 같은 날 즉, 날씨 변화가 클 것 같을 때 가끔 날씨 정보를 찾아보지, 매일 찾아보지는 않는다. 날씨 서비스의 완성도와 상관없이 사람들이 날씨 서비스를 필요로 하는 순간은 정해져 있다. 여행 서비스도 마찬가지다. 일반적인 직업을 가진 사람들은 보통 일년에 많아야 서너 번 정도 휴가를 떠나고 휴가를 준비하기 전에 집중적으로 호텔이나 항공편, 여행지 근처 관광 정보를 찾아본다.

이렇듯 4사분면에 위치하는 서비스들은 고객들이 어떤 니즈가 생겼을 때 사용하는 서비스이므로, 그 순간 고객들을 만나 꾸준히 매출을 발생시키는 것이 중요하다. 따라서 이 영역에 존재하는 서비스들의 성장 전략은 검색 엔진 최적화Search Engine Optimization, SEO나 고객 관계 관리Customer Relationship Management, CRM에 초점이 맞추어져야 한다.

- 검색 엔진 최적화와 고객 관계 관리의 성장 모델 동작 시나리오

우리가 숙박이나 항공권 같은 여행 상품을 제공하는 서비스를 만들고 있다고 가정해 보자. 어떤 사용자가 아일랜드 여행을 준비하고 있다고 할 때, 일단 검색 서비스에서 자신의 여행과 관련된 '아일랜드 항공권, 더블린 호텔' 같은 키워드를 검색할 것이다. 우

리 서비스가 이 검색 결과의 상단에 노출될 가능성이 높을수록 사용자가 우리 서비스를 통해 항공원이나 숙박을 구매할 가능성이 높아진다.

그 사용자가 두 번째 여행을 준비할 때, 당연히 우리 서비스에 접속해서 여행 상품을 검색하기를 기대하는 것은 무리가 있다. 그 사용자는 늘 사용하던 검색 서비스에 들어가서 이번에는 또 다른 키워드로 여행 상품을 검색하고, 검색 결과 상단에 노출된 어떤 여행 서비스에 들어가서 상품을 찾아보고 구매를 할 것이다. 우리가 그 고객에게 다시 한 번 더 우리 상품을 판매하려면 이번에도 검색 결과 상단에 위치를 하고 있어야 한다.

만약 그 사용자가 검색 엔진에서 여행 상품을 찾아보는 것이 아니라, 우리 서비스에 직접 들어와서 가장 먼저 우리 상품을 찾아보기를 바란다면, 사용자가 관심있을 것 같은 정보를 꾸준히 뉴스레터 등으로 전송하여 브랜드 인지도를 쌓아 두거나, 재방문 고객을 위한 로열티 프로그램을 제공하는 등의 훌륭한 고객 관계 관리 전략을 만들어 두어야 한다.

그래프의 왼쪽 위 2사분면에는 음악 스트리밍 서비스, 소셜 게임, 데이팅 서비스 등이 위치하고 있다.

소셜 게임에는 기획 단계에서부터 '예상되는 사용자의 플레이 시간'이 정해져 있다. 일반적으로 한 번 본 영화를 여러 번 반복해서 보지 않는 것처럼 사용자들은 한 번 게임 콘텐츠 전체를 즐기고 나면 더 이상 그 게임을 플레이하지 않고, 다른 게임을 찾아서 떠난다. 데이팅 서비스의 경우엔 사용자들이 가입 후 일정 기간을 사용하고 나면, 더 이상 마음에 드는 새로운 이성을 만날 가능성이 점점 떨어지기 때문에 새로운 콘텐츠(= 다른 이성이 존재하는 다른 데이팅 서비스)를 찾아 떠난다. 또는 마음에 드는 이성을 만나 매칭이 완료되어 데이팅 서비스 자체를 떠나기도 한다.

이렇듯 2사분면에 위치하는 서비스들은 일정한 기간 동안 집중적으로 사용자들이 사용한 후 사용을 종료하게 되는 특성이 있으므로, 그 기간 동안 사용자에게서 최대의 매출을 발생시키거나 새로운 고객을 최대한 많이 확보해야 한다.[3] 따라서 이 영역에 존재하는 서비스들의 성장 전략은 알림Notification이나 추천 시스템Referral System을 극대화하는 쪽으로 초점이 맞추어져야 한다.

● 알림이나 추천 시스템의 성장 모델 동작 시나리오

우리가 웹이나 앱 기반의 데이팅 서비스를 만들고 있다고 가정해 보자. 사용자는 보통 지인의 추천, 뉴스 기사, 광고, 검색 등으로 우리 서비스를 접할 것이다. 회원 가입 과정을 거치고 나면 이성을 검색하게 된다. 회원 가입 당일에 어떤 이성을 바로 만나게 되기는 어렵기 때문에 - 이는 서비스 입장에서도 기대하는 바가 아님 - 특정한 기간 동안 계속 서비스를 사용하게 되며 이 과정에서 우리가 유료로 제공하는 어떤 추가 서비스를 구매하게 된다.

---

3) 이런 기간 종료 특성 때문에 '매출 최적화 이슈'가 발생하게 된다. 사용자가 우리 제품을 얼마 동안 사용하고 떠나는 것이 우리 매출을 가장 높여줄까?

시간이 지나면서 사용자는 우리 서비스에서 맞는 이성을 만나거나 더 이상 원하는 이성을 만날 수 없다고 실망해서 서비스를 떠날 상황을 맞이하게 된다.[4] 사용자가 떠날 상황을 맞이하기 전까지 우리 입장에서는 사용자가 계속 서비스에 접속하여 다른 사용자와 어떤 행동을 주고 받는 것이 중요하다. 그러므로 사용자가 서비스에 다시 접속할 것을 유도하는 여러 가지 알림을 제공할 수 있다. 이를 테면 '당신에게 맞는 새로운 이성들이 많이 가입했다', '어떤 사용자가 당신에게 관심을 보였다' 등등. 또 그 사용자를 활용하여 다른 사용자를 데려올 수 있는 '추천' 기능을 요청하기도 한다. 보통 친구를 추천하면 그 친구가 가입하면 유료 상품을 제공하는 등의 정책을 사용해서, 그 사용자가 우리 서비스를 종료하기 전에 최대한 많은 신규 사용자를 확보하려고 시도한다.

사용자가 우리 서비스에서 원하는 이성과 만나서 서비스 사용을 종료했을 경우, 그 사용자가 우리 서비스의 회원으로 돌아오는 것을 기대하기는 어려운 상황이기 때문에 그 성공 사례를 사용자 리뷰 같은 마케팅 도구로 활용할 수 있다.

---

4) 알려진 정보에 따르면, 사용자들이 데이팅 서비스를 사용하다가 종료하는 주기는 과거 3개월에서 최근 2주까지 짧아졌다고 한다. 모바일 시대가 되면서 다수의 서비스들이 등장하고, 페이스북 로그인 등으로 회원 가입 방법이 아주 간단해 진 것이 원인으로 추측된다

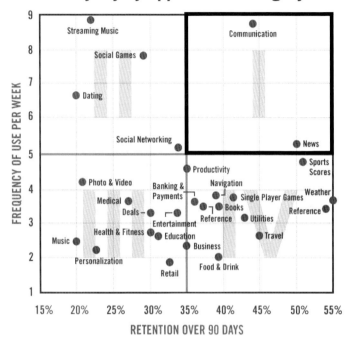

Loyalty by Application Category

▲ 카테고리에 따른 사용자들의 이용 패턴[2]

그래프의 오른쪽 위 1사분면에는 사람들이 자주 접속하면서 오랫동안 사용하는 서비스가 위치하고 있다. 카카오톡 같은 커뮤니케이션 계열 서비스를 비롯하여, 해당 그래프에는 표시되어 있지 않지만 구글이나 페이스북, 네이버처럼 '플랫폼'으로 진화한 서비스들이 이에 해당한다. 이 영역에 있는 서비스들은 전설 속의 동물 '용'처럼 강력한 힘을 가지고 있어서, 산업이 크게 바뀌지 않는 이상, 다른 서비스들에게 큰 영향력을 끼치고 많은 부가가치를 창출할 수 있다.

그래프의 왼쪽 아래 3사분면에는 사진 및 비디오, 의학, 개인화 분야 서비스들이 위치하고 있다. 이런 서비스들은 상대적으로 사용 빈도가 낮고, 사람들이 꾸준히 머무르지 않는 분야다. 이런 영역에서 다른 영역에 비해 상대적으로 큰 비즈니스가 만들어지기 어려운 것은 이런 사람들의 사용 행태 때문이라고 해석할 수 있다.

극히 예외적인 경우를 제외하고는 모든 비즈니스는 시작 초기에 사용 빈도도 떨어지고, 사용자들이 서비스에 오래 머무르지도 않는 3사분면에 위치한다. 서비스를 만드는 사람의 목표는 이를 계속 개선하여 1사분면까지 이르게 하는 것으로 볼 수 있는데, 우리가 가진 인적, 물적 자원에는 한계가 있으므로 가장 효과가 좋은 방안들부터 선택해야 한다. 이 과정에서 각 서비스의 특성에 적합한 성장 모델, 즉 3 → 2 → 1 또는 3 → 4 → 1을 택해야 하는 것이다.

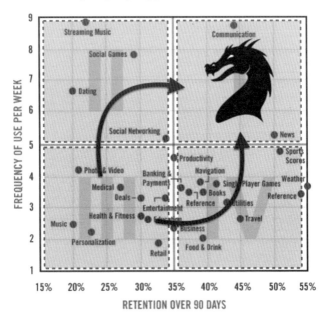

Loyalty by Application Category

▲ 비즈니스 특성에 따른 적합한 성장 모델을 택해야 함

3가지 서비스 순환 고리Loop와 성장 승수Growth Multiplier

각 서비스에 맞는 적절한 '성장 모델'을 선택하기 위해서 우리
는 '서비스 순환 고리Loop' 개념을 이해해야 한다. 서비스의 고객
행동을 단순히 보게 되면 시작과 끝이 명확한 '직선형'으로 생각
하기 쉽다. 하지만 모든 고객 행동의 끝은 또 다른 고객의 시작과

항상 연결되어 있다. 간단한 예로 우리가 어떤 맛집을 방문하고 그 집에 굉장히 만족하게 되면, 누군가를 한 번 더 데려가게 된다. 그 사람도 역시 만족했다면, 다른 누군가를 데려가게 된다. 이렇게 한 명의 고객은 다른 여러 고객으로 이어진다.

- 직선형 관점 : 서비스 접근 – 재방문 – 구매 – 종료
- 순환형 관점 : 서비스 접근 – 재방문 – 구매 – 추천 → 새로운 고객의 서비스 접근 – 재방문 – 구매 – 추천 → 새로운 고객의 서비스 접근 → (순환 계속)

이런 순환 고리 형태는 구체적으로 다음 3가지로 볼 수 있으며, 대부분의 서비스는 이 형태들의 조합으로 표현할 수 있다.

1) 콘텐츠형 순환 고리

- 순환 형태 : 어떤 사람들이 우리 콘텐츠를 검색 → 그들 중 일부가 새 회원으로 가입 → 그들 중 일부가 새로운 콘텐츠 참여 → 검색엔진이 콘텐츠를 수집 → 어떤 사람들이 우리 콘텐츠를 검색 → (순환 계속)
- 사용자가 콘텐츠 생산에 참여하는 서비스들이 주로 여기에 해당한다. 다수의 사용자가 어떤 주제에 대해서 콘텐츠를 함께 생산하는 국내 포털의 카페, 위키피디아(Wikipedia, www.wikipedia.org), 스택오버플로우(Stack Overflow, www.stackoverflow.com), 레딧(reddit, www.reddit.com) 등이 있다. 좀 더 개인적인 콘텐츠 발행 도구라고 볼 수 있는 각종 블

로그, 인스타그램(Instagram, www.instagram.com) 유투브(YouTube, www.youtube.com), 그리고 사용자 자체가 콘텐츠가 되는 페이스북이나 링크드인 같은 서비스들도 콘텐츠 형 순환 고리의 좋은 예다.

2) 유료 광고형 순환 고리

- 순환 형태 : 어떤 사람들이 우리 광고를 클릭 → 그들 중 일부가 무료 회원 가입 → 그들 중 일부가 유료 버전 결제 → 유료 광고에 마케팅 예산 사용 → 어떤 사람들이 우리 광고를 클릭 → (순환 계속)

- 사용자에게 직접적으로 어떤 유료 서비스를 판매하는 사업들이 여기에 해당한다. 슬랙(Slack, www.slack.com), 드랍박스 같은 소프트웨어 서비스Software as a Service, SaaS, 넷플릭스(Netflix, www.netflix.com)나 왓챠플레이(WATCHA PLAY, https://play.watcha.net) 같은 가입자 기반의 유료 콘텐츠 서비스가 있다. 매치닷컴(Match.com, www.match.com)이나 이음(www.i-um.com)같은 매칭 서비스, 클래시오브클랜즈(CLACH of CLANS, www.clashofclans.com)나 애니팡(http://corp.sundaytoz.com/anipang-for-kakao/) 같은 게임 등도 유료 광고형 순환 고리의 좋은 예다.

3) 바이럴형 순환 고리

- 순환 형태 : 새 사용자 가입 → 그들 중 일부가 초대 기능 실행

→ 초대 대상에게 메시지 발송 → 초대 받은 사람 중 일부가 초
대를 수락 → 새 사용자 가입 → (순환 계속)
- 바이럴형 순환 고리는 콘텐츠형과 유료 광고형 순환 고리와 함
께 동작하는 경우가 많다. 소셜 미디어나 소셜 게임에서 내 주
소록에 있는 정보를 활용하여 친구를 초대하는 기능, 이메일
앱에서 메일 작성 시 서명에 붙어서 발송되는 앱 다운로드 링
크, 에어비앤비에서 친구 초대 시 제공하는 적립금 혜택 기능
등이 모두 바이럴형 순환 고리에 해당한다.

성장 승수Growth Multiplier 개념을 이해하기 위해 바이럴형 순환
고리를 예시 데이터와 함께 좀 더 깊이 살펴보자.

- 최초 1,000명의 가입자가 있었다고 가정
- 가입자 중에서 초대 기능을 사용(=초대자)하는 비율은 30%
라고 가정
- 한 명의 초대자가 평균적으로 100 명에게 초대장을 보낸다고
가정
- 초대장을 클릭하는 비율은 10%라고 가정
- 초대장 클릭 후 회원 가입을 끝내는 비율은 20%라고 가정

순환 횟수	가입자 수	초대자 수	초대장 수	초대장 클릭
1	1,000	300	30,000	3,000
2	600	180	18,000	1,800
3	360	108	10,800	2,880
4	216	65	6,480	648
5	130	39	3,888	389
6	78	23	2,333	233
7	47	14	1,400	140
8	28	8	840	84
9	17	5	504	50
10	10	3	302	30

위와 같은 상황을 가정했을 때 최초에 있던 1,000명의 사용자는 첫 번째 순환을 통해 600명의 새로운 사용자를 만들게 되고, 새로운 600명의 사용자는 두 번째 순환을 통해 또 360명의 새로운 사용자를 만들게 된다. 한 번의 순환이 일어날 때마다 이전에 있던 사용자의 60%가 새 사용자로 전환되기 때문에, 우리는 이것을 초항(a)이 1,000 이고 공비(r) 가 0.6인 무한등비급수로 수식화 할 수 있고, 최종 사용자의 수는 아래와 같이 결정된다.[5]

- 무한등비급수의 최종합 : $a \times 1/(1-r)$

---

5) 바이럴형 순환 고리에서 r은 바이럴 인수 (Viral Factor) 라고 부르며 k로 표시하는 경우가 있음

- 최종 사용자 수 : 1,000 × 1 / (1 - 0.6) = 2,500

이렇듯 새 사용자는 연속적으로 각 다음 단계의 새 사용자에게 연속적으로 미치므로, 각 단계가 일부만 개선되더라도 최종 사용자는 훨씬 더 많이 증가하게 된다. 예를 들어 현재 한 단계에서 다음 단계로 넘어가는 비율이 60%인데, 전체적으로 20%의 개선이 이루어져서 60% + (60% × 20%) = 72%가 넘어간다고 가정하면 최종 사용자는 개선 전보다 42%가 증가하여 1,070명이나 더 존재하게 된다.

- 현재 r = 0.60 : 1,000 × 1 / (1-0.60) = 2,500
- 개선 r = 0.72 : 1,000 × 1 / (1-0.72) = 3,570 ← 최종 사용자는 42%가 증가한 것

전체 사용자의 합계가 최초 사용자 대비 몇배가 될지 알 수 있는 1 / (1 - r) 을 '성장 승수'라고 부른다.

급속 성장Exponential Growth을 달성하는 법

우리 모두가 원하는 것은 흔히 J 커브라고 표현되는 급속 성장이다. 급속 성장을 달성하기 위한 핵심이 바로 순환 고리와 성장 승수에 있다. 위의 예시에서 언급된 것처럼, 우리 서비스는 모두 각 단계별로 조금씩만 개선이 일어나도 최종적으로는 기존 대비 훨씬 더 많은 사용자들을 획득하게 되는 '무한등비급수'로 볼 수 있다. 그러면 '무한등비급수'는 언제 무한대로 '발산Divergence 할

까? 바로 공비 r 이 1보다 큰 경우다. 쉽게 표현해서, 처음에 있던 사용자 수보다 한 번의 순환을 거치고 획득한 새 사용자들이 더 많은 경우가 발생하면, 우리 서비스는 '무한대'의 사용자를 획득할 수 있다.

	최초 상태	1차 개선	2차 개선
최초 사용자	1000	1000	1000
초대 기능 사용 비율	30%	30%	**35%**
평균 초대장 수	100	100	100
초대장 클릭 비율	10%	10%	15%
회원 가입 비율	20%	24%	**24%**
r	0.6	0.72	1.26
성장 승수	2.5	3.57	무한대
최종 사용자	2,500	3,570	무한대 (시장 크기)

　표에서 2차 개선은 최초 상태 대비 초대 기능 사용 비율을 5%, 초대장 클릭 비율을 5%, 회원 가입 비율을 4% 개선시켰을 뿐이지만, 최종적으로 이 모든 개선의 영향은 r = 1.26 이 되며 이에 따라 성장 상수는 무한대가 되어 최종적으로 목표 시장 크기만큼의 사용자를 획득하는 것으로 귀결된다.[6]

　이렇듯 J 커브 성장의 핵심은 단 하나의 환상적인 아이디어에

---

6) 시장의 크기는 제한되어 있으므로 결국 시장의 크기만큼 사용자를 획득할 수 있다.

있는 것이 아니라, 우리가 만드는 각 단계별 작은 개선들의 합계
에 있다. 이것이 바로 우리가 AARRR 분석을 통해 각 단계별로 개
선점을 도출하여 하나씩 개선해 나가는 것이 중요한 이유다.

CHAPTER 03

성장 로드맵

죽음의 계곡, 캐즘 그리고 Product-Market Fit (제품-시장 적합성)

우리가 새로운 프로젝트를 시작할 때 기대하는 것은, 순조로운 런칭과 언론사들의 쏟아지는 스포트라이트, 많은 사람들의 주목, 그리곤 이어지는 J 커브 성장과 궁극적으로는 비즈니스의 성장이다. 하지만 이런 우리가 기대하는 이런 성공은 모두 알고 있듯이 '동화같다'라고 표현되는 극히 드문 일이다. 그런 성공 대신 우리가 보통 얻게 되는 것은 조금씩 들어오기 시작하는 초기 사용자들과 언론의 아주 짧은 관심, 그리고 곧 곤두박질치는 사용량. 이어지는 제품 개발 회의와 그 회의에서 나오는 산더미 같은 아이디어들, 그 아이디어들을 구현하기 위해 계속 복잡해지는 제품의 컨셉, 복잡해지는 제품으로 계속 커지는 유지 비용, 끝이 보이지 않는 프로젝트 기간이다.

▲ 우리가 항상 기대하는 미래

▲ 우리가 보통 겪게 되는 현실

그럼 도대체 왜 이런 일들이 벌어질까? 이런 일들은 사실 아주 보편적인 것들로 창업 분야에서는 '죽음의 계곡Death Valley' 또는

'슬픔의 바닥Trough of Sorrow'이라는 용어를 만들기까지 했다.

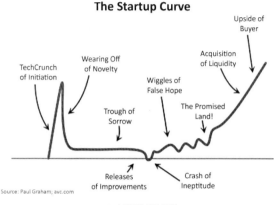

▲ 스타트업 성장 곡선[1]

제품 런칭 초기에 관심을 가지고 사용하는 사람들은 대부분은 보통 '얼리 어답터Early Adopter'라고 불리는, 새로운 제품이나 기술을 계속 찾아다니는 사람들이다. 얼리 어답터들은 본인이 어떤 제품의 진짜 목표 고객이 아니라도, 새로운 제품이라는 사실 하나만으로도 그 제품을 사용하는 것들을 좋아하기 때문에 우리의 제품을 뉴스 등에서 접하고는 금방 초기 사용자로 편입한다. 하지만 이들의 수는 제한적이며, 무엇보다 금새 또 다른 새로운 어떤 것

---

1) CHART OF THE DAY: What It's Really Like Doing A Startup http://www.businessinsider.com/chart-of-the-day-the-startup-curve-2012-3

을 찾아 이동할 가능성이 높다. 따라서 제대로 된 성장을 달성하기 위해서는 '얼리 어답터'가 아닌, 우리 제품의 진짜 고객이라고 할 수 있는 '전기 다수 사용자'들로 사용자가 확대 되어야만 한다.

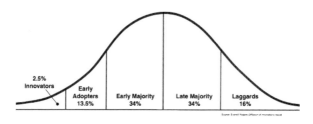

▲ 얼리어답터의 비율은 보통 전체 시장에서 15% 미만

'전기 다수 사용자Early Majority'들은 '얼리 어답터'에 비해서 좀 더 보수적으로 제품을 받아들이고 새로운 기능을 익히는 것에도 덜 능숙하다. 그렇기 때문에 '얼리 어답터'에게서 우리 제품이 얻었던 반응이 그대로 '전기 다수 사용자' 층에게도 적용되는 것은 극히 예외적인 일이다. 다시 말하면, 초반에 반짝 상승했던 사용량이 떨어지는 것은, 지극히 자연스러운, 어떻게 표현하면 '제자리를 찾아가는 것'이라고 표현할 수 있다.

이런 현상을 '죽음의 계곡'이란 표현 외에도, '캐즘Chasm[2]'이라고 표현하기도 하고 아직 '시장-제품 적합성Product-Market Fit'이 달성되지 못했다고도 표현하기도 하는데 제품 개발 관점에서 보면

---

2) 스타트업을 주류시장으로 인도하는 캐즘 마케팅(Chasm Marketing) http://kr.besuccess.com/2015/01/chasm/

모두 같은 현상을 이야기하는 것이다.

- 캐즘 : '캐즘'은 지각변동 등의 이유로 인해 지층 사이에 큰 틈이 생겨 서로 단절되어 있다는 것을 뜻하는 지질학 용어인데, 이것을 미국 실리콘밸리의 컨설턴트인 무어Geoffrey A. Moore가 1991년 미국 벤처업계의 성장과정을 설명하는 데 차용하면서 마케팅 이론으로 확립되었다. 제품 출시 초기에는 소수의 소비자가 혁신성을 중시하여 구매한다. 하지만 이후에는 실용성을 중시하는 소비자가 중심이 되는 주류시장으로 옮아가야 하는데, 첨단 제품들은 이 사이에서 매출이 급격히 감소하거나 정체현상을 겪게 된다는 것을 표현한다.

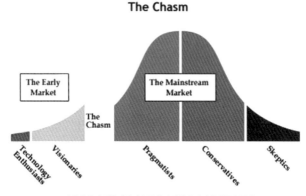

▲ 소수의 초기 사용자와 다수의 후기 사용자 사이에 캐즘이 존재

- 시장-제품 적합성Product-Market Fit : 우리들이 만든 제품Product 이 시장Marekt의 다수 사용자들의 니즈에 들어맞아서(Fit) 사용

량이나 매출이 급격하게 상승하는 상황을 지칭한다. 유명한 벤처 투자가 마크 안드레센Marc Andreessen은 "기업이 제품을 만드는 속도만큼 고객이 제품을 구입하는 상태[3]"라 표현했다. 다시 말해, 시장-제품 적합성을 달성하지 못했다는 말은, 우리 제품이 아직 다수 시장 고객들에게는 받아들여지고 있지 못한 상태라고 볼 수 있다.

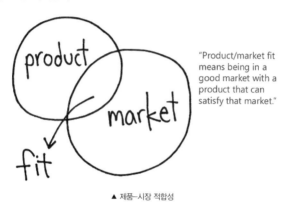

"Product/market fit means being in a good market with a product that can satisfy that market."

▲ 제품-시장 적합성

죽음의 계곡에서 벌어지는 일들 - 왜 성장이 망가지는가?

초기 사용량이 급격히 줄어들고 성장이 정체된 단계에 접어들었을 때 그 제품에 관련된 사람들은 각자의 입장에서 다양한 반응

---

3) On product/market fit for startups : https://www.linkedin.com/pulse/marc-andreessen-product-market-fit-startups-marc-andreessen

을 보이기 시작한다.

- 프로덕트 매니저 또는 기획자 : '우리의 열성 사용자들은 제품 이 만족하고 있는 것 같아요. 새 버전에서는 이런 저런 기능을 추가하면 될 것 같네요.'
- 개발자 : '런칭 기간에 맞추느라 전체적인 시스템 구조가 안정 적이지 않아요. 이대로면 사용량이 크게 증가한다고 해도 문제 입니다. 아무래도 코드 재설계가 좀 필요할 것 같네요.'
- 디자이너 : 'UX에 부족한 부분이 많은 것 같아요. 전체적인 재 디자인이 필요합니다.'
- 외부 마케팅 에이전시 : '시장 반응을 주도할 수 있는 인플루언 서Influencer들을 좀 더 확보해 보면 어떨까요? 초기 제품이 확 산되는 데는 일정 수 이상의 사용자들을 확보하는 것이 필수적 이니까요.'
- 외부 조언자 또는 투자자 : '제가 보내 드린 그 기업 사례 읽어 보셨나요? 그 사례를 참조해서 전략을 세우면 좋을 것 같네요.'
- 고객 1 : '전 정말 이 제품을 좋아해요. 그냥 지금 기능이 좀 더 잘 동작하면 좋겠어요.'
- 고객 2 : '경쟁 제품에 있는 이 기능만 추가되면 더 좋을 것 같 아요'
- 고객 n : '제가 보기엔…'

이런 다양한 반응들이 쏟아져 나오면서 실무자들은 큰 혼란을 겪게 된다. 이런 아이디어들을 한군데 모으고 정리하는 것만해도 엄청난 시간이 노력이 들어간다. 게다가 사실 위와 같은 반응들 중에서 '절대적으로 틀린 이야기'는 없다. 각자의 관점에서 다 제품에 도움이 될 것 같은 이야기를 한 것이니 버릴 수도 없지만, 그런 이야기들이 맥락 없이 쌓아 두려니 시간과 자원은 한정되어 있고, 모든 의견들에 일일이 대응할 수도 없다.

즉, 다시 말해서 이 단계에서 필요한 것은 성장에 대한 이런 다양한 아이디어들의 우선 순위를 정하고 하나씩 실천하는 집중력이다. 이런 우선 순위를 정하는 일은 '제품의 기능적 개발 단계'에서도 항상 필요한 일로, 흔히 제품 로드맵Product Roadmap이라고 지칭되는 계획을 작성한다. 비슷한 맥락에서, 성장을 위한 아이디어의 우선 순위를 정하는 일을 성장 로드맵Growth Roadmap이라고 부를 수 있다.

성장 로드맵은 단어가 내포하고 있는 뜻 그대로, 죽음의 계곡을 헤쳐 나올 수 있는 '지도'이다. 지금부터는 어떻게 성장 로드맵을 작성할 수 있는지 살펴보려고 한다.

성장 로드맵 작성 1단계 - 성장 기여도 측정하기

성장 로드맵을 작성하는 첫 번째 단계에서는 어떤 성장 프로젝트 아이디어가 성장에 얼마나 기여를 할 것인지를 계산해야 한다. 성장에 대한 '기여도'는 다음 세 가지 요소의 합으로 측정할 수 있다.

프로젝트의 성장 기여도 = 도달률 * 상한선 * 성공률

- 도달률 : 얼마나 많은 사용자들을 대상으로 하는가
- 상한선 : 얼마나 개선할 수 있나?
- 성공률 : 성공할 가능성이 얼마나 있을까?

도달률과 상한선, 성공률에 대해서 하나씩 살펴보자.

1. 도달률 – 많은 사람을 대상으로 하는 아이디어가 좋다.

먼저 도달률을 생각해보기 위해 앞서 살펴보았던 AARRR 분석을 떠올려 보자.

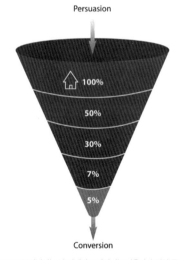

▲ AARRR 분석에서는 각 단계별로 해당되는 사용자가 점점 줄어든다

AARRR 분석 결과 위와 같이 사용자 획득 단계보다, 재사용 단계의 사용량이 30%라고 가정해 보자. 아주 일반적으로 이야기했을 때, 재사용 단계 사용량이 사용자 획득 단계의 30%라고 한다면 이것은 절대 낮은 수치가 아니다. 그럼에도 불구하고, 이런 상태에서 이런 상태에서 재사용 단계의 어떤 프로젝트가 성장에 끼치는 영향이 사용자 획득 단계의 프로젝트보다 비슷하거나 더 뛰어 나려면, 최소 3 ~ 4배 효율이 더 좋아야 한다.

재사용자 단계의 사용자 숫자 = 사용자 획득 단계의 사용자 숫자 x 30%

재사용 단계의 사용자 숫자 x 성장 아이디어의 효율 A
≥ 사용자 획득 단계의 사용자 숫자 x 성장 아이디어 효율 B

A ≥ B x 3.33

 현실적으로 이런 것이 가능할까? 당연히 그렇지 않다. 그리고 보통의 경우 사용자 획득 단계보다 재사용 단계가 훨씬 더 비율이 적다. 따라서 실제로는 5배 혹은 10배, 혹은 그 이상의 효율을 보여야 겨우 비슷한 수준을 달성할 것이다.

 이를 좀 더 생각해보기 위해서 아래 그림을 살펴보자. 다음 그림은 우리 제품의 사용자들을 구분한 것이다. 온라인 쇼핑몰을 가정한다면, 각 사용자들은 아래와 같이 구체화할 수 있다.

- 열성 사용자Core User : 우리 쇼핑몰의 상품을 지속적으로 구매

하는 사용자

- 활성 사용자Active User : 우리 쇼핑몰의 상품을 한 번 구매한 사용자
- 뜨내기 사용자Casual User : 우리 쇼핑몰에 가입했지만, 아직 구매는 하지 않은 사용자
- 구경꾼Uniques : 우리 쇼핑몰에 방문했지만, 아직 회원 가입은 하지 않은 사용자

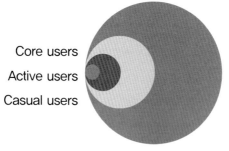

Core users
Active users
Casual users

Uniques
(Interacted but haven't signed up)

▲ 사용자별 비율

대부분의 경우에 실제로 데이터를 분석해보면 열성 사용자나 활성 사용자보다 구경꾼의 숫자가 훨씬 큰 것을 알 수 있다. AARRR 단계의 아래 부분은 건드리는 아이디어는 대게 열성 사용자 또는 활성 사용자를 대상으로 하는 아이디어다. 보통 눈에 보이는 사용자들은 그들이기 때문에 -의견을 물어볼 수 있거나, 의견을 적극적으로 개진하는 사용자들- 그들을 대상으로 하는 아이

디어를 채택할 가능성이 높다. 하지만 죽음의 계곡을 빨리 빠져나오기 위해서는 우리의 시야 밖에 있는 훨씬 더 많은 뜨내기 사용자 또는 구경꾼들이 있다는 사실을 인지해야 한다. 그렇기에 그들을 활성 사용자나 열성 사용자로 전환시킬 수 있는 프로젝트를 먼저 수행해야 한다.

결국 성장 기여도에서 '도달률'이 의미하는 것은 성장 측면에서, '최대한 많은 사용자를 대상으로 하는 아이디어가 낫다'는 것을 의미한다.

2. 상한선

다음 요소는 상한선이다. 이 개념은 말 그대로, '우리 지표가 얼마나 개선될 수 있을까?'를 고려하는 것이다.

예를 들어 우리 서비스의 새 사용자 대비 회원 가입 비율이 15%라고 가정해 보자. 이 수치는 높을 것일까 낮은 것일까? 정답은 '알 수 없다'이다. '높다', '낮다'라는 것은 모두 상대적인 개념일 뿐이다. 우리의 경쟁 서비스의 회원 가입 비율이나, 우리가 속한 산업계의 평균적인 회원 가입 비율을 알아야 비로소 이 질문에 답할 수 있다.

- 산업계의 평균 회원 가입 비율이 10%라면?

  → 우리는 이미 평균보다 1.5배 만큼 (10%의 50%이므로) 잘하고 있으므로, 이를 더 개선하는 것은 쉽지 않을 것이다.

- 산업계의 평균 회원 가입 비율이 20%라면?

→ 우리 회원 가입 비율이 산업계 평균보다 5%p 낮으므로 개선할 여지가 있어 보인다.

- 산업계의 평균 회원 가입 비율이 30%라면?

→ 산업계의 평균 회원 가입 비율이 20%일 때보다 훨씬 개선할 여지가 많다.

이 개념은 '정규 분포 곡선'을 생각해 보면 좀 더 쉽게 이해할 수 있다. 정규 분포의 중앙값에서 멀리 떨어져 있는 것은 통계적으로 보았을 때 드문 현상이다. 따라서 우리가 중앙값보다 상대적으로 더 낮은 수치를 기록하고 있다면, 적은 노력을 통해서도 쉽게 평균에 가까워질 수 있다는 의미이다. 만약 중앙값보다 더 높은 수치를 기록하고 있다면, 이보다 더 개선하는 방향으로 이동하는 것은 점점 더 어려워진다는 것을 생각할 수 있다.

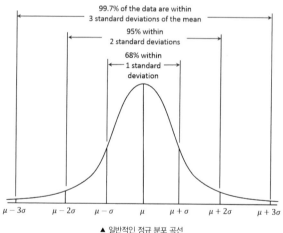

▲ 일반적인 정규 분포 곡선

그럼 이제 논점은 어떻게 산업계 평균이나 경쟁 서비스의 수치를 확인할 것인지에 옮겨갈 수 밖에 없다. 사실 이런 정보들을 우리 생각보다 훨씬 더 많이 공개되어 있기 때문에 조금만 시간을 들여 검색해보면 많은 데이터들을 찾을 수 있다.

아래는 글로벌 이메일 발송 서비스 메일침프(MailChimp, ww.mailchimp.com)가 공개한 2016년 07월 기준 이메일 개봉률 등에 대한 통계[4]다. 구글(Google, www.google.com)에서 'email open rate statistics(이메일 오픈 비율 통계)'라고 검색하면 바로 찾을 수 있는 결과 중 하나인데, 검색 결과에서는 이 통계 외에도 다른 많은 이메일 관련 통계를 알려주는 웹 문서를 확인할 수 있다.

〈산업군에 따른 메일침프 고객사들의 이메일 캠페인 통계〉

Industry (산업군)	Open (개봉)	Click (클릭)	Soft Bounce[5] (일시적 반송)	Hard Bounce[6] (영구적 반송)	Abuse (부정 사용)	Unsub (구독 해제)
Agriculture and Food Services	24.92%	3.18%	0.61%	0.47%	0.02%	0.29%
Architecture and Construction	24.81%	2.96%	1.55%	1.17%	0.03%	0.37%
Arts and Artists	27.23%	2.88%	0.66%	0.50%	0.02%	0.28%
Beauty and Personal Care	18.75%	2.10%	0.42%	0.43%	0.03%	0.33%

---

4) Email Marketing Benchmarks https://mailchimp.com/resources/research/email-marketing-benchmarks/
5) 보통 수신사의 이메일함이 가득차서 전송이 실패하는 경우
6) 보통 수신자의 이메일 주소가 잘못되었거나 이메일 서버가 없는 경우

Industry (산업군)	Open (개봉)	Click (클릭)	Soft Bounce[5] (일시적 반송)	Hard Bounce[6] (영구적 반송)	Abuse (부정 사용)	Unsub (구독 해제)
Business and Finance	21.18%	2.77%	0.71%	0.60%	0.02%	0.24%
Computers and Electronics	21.14%	2.29%	1.07%	0.75%	0.03%	0.30%
Construction	22.24%	1.92%	1.67%	1.35%	0.04%	0.44%
Consulting	19.51%	2.34%	0.96%	0.76%	0.02%	0.29%
Creative Services/Agency	22.34%	2.69%	1.11%	0.92%	0.03%	0.36%
Daily Deals/E-Coupons	14.44%	2.01%	0.12%	0.09%	0.01%	0.11%
E-commerce	16.76%	2.45%	0.31%	0.26%	0.02%	0.22%
Education and Training	21.70%	2.69%	0.57%	0.50%	0.02%	0.20%
Entertainment and Events	21.37%	2.36%	0.52%	0.45%	0.02%	0.28%
Gambling	17.68%	3.23%	0.39%	0.53%	0.03%	0.17%
Games	21.19%	3.45%	0.46%	0.51%	0.03%	0.24%
Government	26.08%	3.63%	0.49%	0.42%	0.02%	0.13%
Health and Fitness	22.25%	2.74%	0.46%	0.49%	0.03%	0.38%
Hobbies	28.81%	5.36%	0.34%	0.28%	0.02%	0.22%
Home and Garden	24.24%	3.68%	0.62%	0.45%	0.03%	0.38%
Insurance	20.82%	2.16%	0.76%	0.85%	0.03%	0.25%
Legal	22.58%	3.02%	0.79%	0.69%	0.02%	0.23%
Manufacturing	22.43%	2.45%	1.50%	1.07%	0.03%	0.36%
Marketing and Advertising	18.01%	1.99%	0.80%	0.66%	0.03%	0.28%
Media and Publishing	22.09%	4.66%	0.30%	0.20%	0.01%	0.12%

Industry (산업군)	Open (개봉)	Click (클릭)	Soft Bounce[5] (일시적 반송)	Hard Bounce[6] (영구적 반송)	Abuse (부정 사용)	Unsub (구독 해제)
Medical, Dental, and Healthcare	22.56%	2.48%	0.78%	0.80%	0.04%	0.30%
Mobile	19.55%	2.18%	0.60%	0.64%	0.03%	0.37%
Music and Musicians	22.85%	2.91%	0.61%	0.46%	0.03%	0.29%
Non-Profit	25.06%	2.83%	0.50%	0.43%	0.02%	0.19%
Other	23.19%	2.90%	0.84%	0.67%	0.03%	0.28%
Pharmaceuticals	19.78%	2.57%	0.78%	0.77%	0.03%	0.22%
Photo and Video	25.89%	3.74%	0.76%	0.67%	0.03%	0.41%
Politics	22.61%	2.29%	0.47%	0.44%	0.03%	0.22%
Professional Services	20.65%	2.55%	0.92%	0.75%	0.03%	0.31%
Public Relations	19.96%	1.65%	0.81%	0.64%	0.02%	0.22%
Real Estate	21.21%	1.94%	0.67%	0.57%	0.04%	0.32%
Recruitment and Staffing	20.16%	2.24%	0.56%	0.61%	0.02%	0.31%
Religion	26.35%	3.27%	0.20%	0.18%	0.01%	0.12%
Restaurant	21.43%	1.30%	0.24%	0.21%	0.02%	0.25%
Restaurant and Venue	21.84%	1.37%	0.58%	0.51%	0.03%	0.41%
Retail	21.22%	2.61%	0.39%	0.33%	0.02%	0.28%
Social Networks and On-line Communities	21.77%	3.42%	0.39%	0.31%	0.02%	0.23%
Software and Web App	21.20%	2.35%	1.10%	0.90%	0.02%	0.39%
Sports	25.66%	3.35%	0.52%	0.46%	0.02%	0.28%
Telecommunications	21.50%	2.53%	1.20%	0.98%	0.02%	0.28%

Industry (산업군)	Open (개봉)	Click (클릭)	Soft Bounce[6] (일시적 반송)	Hard Bounce[6] (영구적 반송)	Abuse (부정 사용)	Unsub (구독 해제)
Travel and Transportation	20.49%	2.26%	0.68%	0.51%	0.02%	0.24%
Vitamin Supplements	17.18%	1.90%	0.35%	0.25%	0.03%	0.26%

우리가 만약 음악에 관련된 서비스를 하고 있다면, 우리가 기준으로 삼을 수 있는 산업계 평균 수치는 22.85% 임을 알 수 있고, 이를 기반으로 얼마나 더 개선이 가능할지 생각해볼 수 있다.

근래 데이터 분석의 중요성이 강조되면서 이런 수치들을 얻을 수 있는 방법은 점점 더 많아지고 있다. 하지만 이런 통계 데이터를 조사할 때 내가 찾는 데이터와 정확히 일치하는 데이터를 찾기 어려울 경우, 유사한 데이터를 끌어와서 사용할 수 있는 응용력은 그로스 해킹에서 필요한 중요한 노하우 중의 하나다. 시밀러웹 (SimilarWeb, www.similarweb.com) 등 이런 벤치마크에 사용할 수 있는 도구들은 이후 '그로스 해킹 도구'에서 더 살펴보겠다.

3. 성공률

마지막 요소는 성공률이다. 이것은 앞의 두 요소에 비해서 상대적으로 '주관적'인 지표로, 이것은 프로젝트를 진행하는 사람들의 '직관'을 수치화하려는 것이다.

'직관'의 수치화가 중요한 이유는 실제로 A/B 테스트의 성공 확률이 25% 미만이라는 통계에서도 생각해볼 수 있다. 다시 말해서, 원형을 A라고 했을 때, 그의 변형인 B안이 A보다 더 좋은 결과를 보여주는 것은 4번 중 채 1번이 안된다는 뜻이다. 왜 이런 일이 벌어질까? 그것은 제품을 만드는 사람들은 현재 직면한 문제에 대해서 가장 깊은 고민을 한 사람들이며, 그 분야에서 대해서 일정 수준 경험을 가진 '전문가'들일 가능성이 높기 때문이다. 깊은 고민과 경험을 통해서 선택한 어떤 안이 보통은 거의 가장 좋은 결과를 보여준다.

다시 말해서, '개선'을 이야기할 때 객관화하기 어려운 이런 전문성과 경험을 수치화하는 것이 반드시 필요한 것이다. 제품을 직접적으로 담당하는 사람들끼리 모여 앉아서 각자의 경험을 바탕으로 '이 아이디어가 과연 될까 안될까?'를 판단해서 성공률 수치를 도출할 수 있다.

물론 이런 성공률은 과학보다는 예술의 영역에 가까우므로, 성장 프로젝트의 가치를 평가하는 3가지 요소 중에서 우선 순위는 가장 낮다.

위 세 가지 요소를 아래와 같은 표로 만들 수가 있다.

성장 아이디어	도달률 (1~5)	상한선 (1~5)	성공률 (1~5)	성장 점수 합계
랜딩 페이지 개선	4	4	5	13
정보 리스팅 개선	4	4	3	11
알림 메일	2	3	4	9
고급 검색	3	3	1	7

- 도달률, 상한선, 성공률을 각각 5점 만점으로 표시한다.
- 도달률이 높을수록 즉, 더 많은 사용자들을 대상으로 하는 아이디어일수록 만점에 가까운 점수를 준다.
- 상한선이 높을수록, 즉, 우리가 개선할 여지가 더 많은 부분에 대한 아이디어일수록 만점에 가까운 점수를 준다.
- 성공 가능성이 높다고 생각될수록 더 높은 점수를 준다.

각 수치들의 합계를 구하면 15점 만점의 성장 점수Growth Score 가 도출되며 이를 내림차 순으로 정렬하면 어떤 아이디어가 우리 서비스를 성장시킬 가능성이 가장 높은 것인지 알 수 있게 된다.

성장 로드맵 작성 2단계 – 프로젝트 총 비용 측정하기

성장 프로젝트의 우선 순위를 결정하기 위해서 한 가지 요소가 더 필요하다. 어떤 아이디어가 아무리 성장에 큰 도움이 될 것 같더라도, 현재 우리 팀 규모에서 진행하기 어렵다면 그 프로젝트는 당분간 보류할 수 밖에 없다. 이처럼 프로젝트에 들어가는 '비용'을 측정하는 것이 필요하다.

위에서 만들었던 표에 '프로젝트 비용' 항목을 추가한다. 여기서 주의해야 할 것은 이 비용이 단순히 '개발 비용' 같은 직접적인 비용 외에도, 아이디어를 정리하고 만들어진 기능을 사람들에게 알리는데 들어가는 마케팅 비용 등까지 포함한 프로젝트의 시작과 끝 전체의 비용이라는 것이다. 이 항목은 성장 점수와의 균형을 위해 15점 척도를 사용하되 많은 비용이 들어갈수록 15점에 가깝게, 적은 비용이 들어갈수록 1점에 가깝게 점수를 준다. 프로젝트 비용 산출은 모든 팀원들이 모여서 협의하여 도출하는 것이 좋다. 이런 협의 과정은 제품 의사 결정 과정에 모든 실무진들이 참여함으로써, 팀워크을 끌어올리는 것에도 도움이 된다.

성장 아이디어	도달률 (1~5)	상한선 (1~5)	성공률 (1~5)	성장 점수 합계	프로젝트 비용
랜딩 페이지 개선	4	4	5	13	4
정보 리스팅 개선	4	4	3	11	2
알림 메일	2	3	4	10	12
고급 검색	3	3	1	7	14

위 개발 비용은 임의의 팀을 가정한 것이지만 아래와 같은 맥락으로 산정되었다.

• 랜딩 페이지 개선, 정보 리스팅 개선 : 상대적으로 정리해야 할 정책적인 문제도 적고, 기술적인 어려움도 없을 것이라 판단하여 상대적으로 낮은 비용이 책정되었다.

• 알림 메일 : '우리가 알려주어야 하는 것은 무엇인가?', '사용자들에게 알림 메일에 대한 동의는 받았는가? 받지 않았다면 어떤 과정을 통해서 받을 것인가?', '메일 발송 시스템은 어떻게 개발할 것인가?' 등 고려해야 할 요소가 많으므로 상대적으로 높은 비용이 책정되었다.

- 고급 검색 : '사이트 내에서 사용자들은 다양한 형태로 검색 기능을 사용하고 있을 텐데, [고급] 검색이란 검색의 어떤 부분을 강화하는 것인가?', '검색 기능을 제대로 만들기 위해서는 형태소 분석, 검색 결과 랭킹 분석 등이 모두 필요한데, 어떻게 진행할 것인가?' 등 고려해야 할 요소도 많고, 기술적 난이도도 높은 항목이라 판단하여 가장 높은 비용이 책정되었다.

이제 이렇게 구해진 성장 점수와 프로젝트 비용을 2차원 그래프로 표시할 수 있다. 이때 시각화 편의상 X축의 오른쪽이 '낮은 개발 비용'으로 표시된 것을 이해하자.

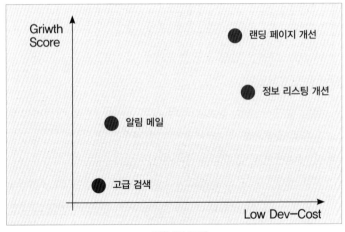

▲ 2차원 성장 로드맵

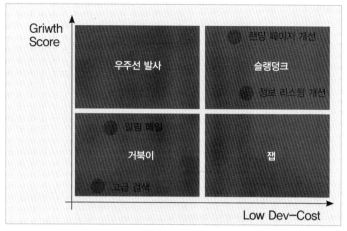

▲ 2차원 성자 로드맵의 각 영역

- 슬램덩크 : 적은 비용으로 높은 성장을 기대할 수 있는 프로젝트들이다. 당연히, 이 영역에 배치된 항목들이 가장 먼저 해야 하는 프로젝트들이다.

- 잽 : 적은 비용으로 진행할 수 있지만, 성장 기대치도 크지 않은 항목들이다. 슬램덩크에 해당했던 프로젝트들을 진행하다 보면, 점점 잽 영역으로 이동하게 된다. '랜딩 페이지 개선' 프로젝트를 생각해 보자. '랜딩 페이지 개선'은 튕김 비율Bounce Rate이 얼마나 개선되었는지를 바탕으로 평가할 수 있다. 이 개선 프로젝트를 몇 번 진행하게 되면, 우리 제품 '랜딩 페이지'의 튕김 비율은 업계 평균 이상으로 개선되어 갈 것이다. 이

로 인해 상한선 항목 점수가 점점 낮아질 것이므로 전체 성장 점수도 낮아져서 슬램덩크 항목에 있던 '랜딩 페이지 개선'은 '잽' 영역으로 이동하게 될 것이다. 이 영역에 있는 프로젝트들을 진행할 경우 여러 개를 묶어서 진행하는 것이 좋다. 개발 비용은 적지만, 성장 기대치도 낮기 때문이다.

- 우주선 발사 : 표현에서 알 수 있다시피, 한 번 성공하면 '대박'이지만, 비용도 그만큼 많이 들어가는 프로젝트들이 위치한다. 페이스북이 '어떻게 하면 사용자들이 페이스북을 계속 떠나지 않고 사용하게 될까?'를 연구해서, '새로 회원 가입을 한 사람에게 10일 안에 7명의 친구를 맺어주면, 페이스북을 떠나지 않고 계속 사용하게 된다[7]'는 결과를 도출한 프로젝트가 이에 해당하는 좋은 예다. 여기에 해당하는 아이디어들은 시간과 자원이 확보된 상태에서 중장기적으로 진행해야 할 프로젝트들이다.

- 거북이 : 높은 비용이 들어가지만, 성장에 대한 기대치는 낮은 아이디어들이다. 제품의 UX 개선 등에는 도움이 되지만, 성장에는 큰 도움이 되지 않는 프로젝트가 될 가능성이 높다. 당연히 우선 순위는 가장 낮다.

결론적으로, 도출된 많은 아이디어들을 이렇게 분류한 후, '슬램덩크'에 해당하는 것부터 시작해서, '우주선 발사'는 중장기적 관

---

7) How Chamath Palihapitiya put Facebook on the path to 1 billion users https://ryangum.com/chamath-palihapitiya-how-we-put-facebook-on-the-path-to-1-billion-users/

점에서 접근하는 것이 필요하다.

성장 모델과 성장 로드맵 – 죽음의 계곡을 빠져나오는 나침반

지금까지 두 장에 걸쳐 성장 모델과 성장 로드맵을 살펴보았다. 이 두 가지 방법들은 혼란스러운 죽음의 계곡을 빠져나오기 위한 나침반의 역할을 해준다. 성장 모델은 우리가 어떤 방향으로 나아가야 하는지 알려주고, 성장 로드맵은 그 중에서 무엇을 먼저 해야 하는지 알려주는 생각의 도구들이다.

하지만, 우리 손에 나침반이 있다고 해서 그 나침반 자체가 우리를 계곡 밖으로 데려가 주지는 않는다. 우리를 계곡 밖으로 이끄는 것은 그 나침반을 보고 쉬지 않고 걷는 우리의 두 발이다. 우리가 접하는 유명한 기업들의 성공적 그로스 해킹 사례들의 뒷면에는, 공개되지 않은 수많은 실패 사례가 존재하고 있다. 많은 프로젝트를 수행하고, 그 중에서 진짜 엄청난 효과가 있었던 극히 일부의 사례만 우리에게 전달될 뿐이다.

성공적인 성장을 달성하는 것에는 왕도가 없다. 분명한 방향성과 아이디어를 평가하는 관점을 바탕으로 꾸준히 실행하다 보면, 우리는 어느새 죽음의 계곡을 벗어나 신나는 J 커브 성장 단계에 접어들 것이다.

CHAPTER 04

채널

앞서 우리는 그로스 해킹의 기본적인 개념과 이론, 어떤 방향으로 우리 서비스를 바라보아야 할지에 대해서 이야기했다. 이번 장부터는 AARRR 분석의 상위 단계 항목부터 하나씩 중요한 요소들을 좀 더 깊게 살펴보도록 하겠다.

앞으로 살펴볼 Funnel 단계별 이야기[1]

AARRR 단계	내용
Acquisition (인지)	4장 채널
Activation (활성화)	5장 고객 활성화와 재사용
Retention (재사용)	
Revenue (매출 발생)	−
Referral (추천)	6장 네트워크 효과와 입소문

이번 장에서는 그 첫 번째인 인지Acquisition와 고객 획득에 가장 많은 영향을 끼치는 '채널'에 대한 이야기를 하려고 한다. 채널의 특성을 이해하기 위해 가장 최근에 등장한 커다란 채널 소셜 미디어의 대표격인 페이스북의 사례를 살펴보자.

---

1) '매출'의 경우 사업 모델별로 상이한 동시에, 상대적으로 명확한 요소이기 때문에 따로 다루지는 않음

채널 관점에서 본 페이스북 플랫폼

페이스북은 2007년 5월 샌프란시스코에서 중요한 발표를 한다. IT 역사의 결정적인 순간 중 하나로 기억될 이 날 행사에서, 페이스북은 자신들의 서비스 내에 다른 회사들이 '위젯' 형태로 2000만명 이상의 페이스북 사용자들에게 직접 자신들의 서비스를 제공할 수 있는 방법을 무료로 공개한다. 2000만명이라는 숫자는 소셜 미디어가 대중화된 2016년 현재 페이스북의 월 활성 사용자 16억명에 비하면은 초라하게 느껴지지만, 무려 10년 전에 이 정도의 숫자를 보유한 플랫폼이 아무런 대가 없이 공개되었다는 것은 정말 엄청난 사건이었다.[2]

페이스북이 이 전략을 공개하자 수많은 기업들이 페이스북 플랫폼 내에서 자신들의 서비스를 '위젯' 형태로 제공하기 시작했고, 이는 결국 페이스북 성장에도 결정적인 영향을 끼쳤다.

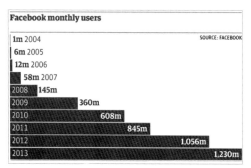

▲ 2007년 플랫폼 전략 공개 후 페이스북 월간 활성 사용자 변화

2) Facebook aims to be Social OS https://gigaom.com/2007/05/24/facebook-aims-to-be-social-os-waiting-for-f8-the-big-launch/

▲ 2007년 위젯이 적용된 페이스북 담벼락(wall)〉

　페이스북 플랫폼 오픈 초기에 제공되던 위젯들은 '실험적인 서비스'들이었다. '콕 찔러보기poke'을 여러 명에게 한 번에, 가상의 선물과 함께 할 수 있는 '슈퍼 콕 찔러보기SuperPoke' 같은 서비스들이 대표적이었다. 이런 실험적인 위젯들은 장기적으로 성장하지는 못했지만, 초기 사용자들의 주목을 끌어 단기적으로는 상당한 성공을 거두었다.

▲ SuperPoke by Slide[3]

　　이런 '실험적인 서비스'들이 출시된 후, 곧, 우리가 잘 아는 페이스북 기반의 소셜 게임들이 런칭되기 시작한다. 징가(Zynga,

---

3) 2010년 구글에 인수된 후 2013년 서비스 중단 https://en.wikipedia.org/wiki/SuperPoke!

www.zynga.com)와 플레이피쉬(Playfish, www.playfish.com[4])
로 대표 되는 소셜 게임사들은 '친구들과 도움을 주고 받거나 서
로 경쟁한다'는, 현재 관점에서 보면 너무 당연해 보이는 소셜 게
임의 개념을 페이스북 플랫폼 내에서 구현했고, 어마어마한 성장
세를 보여주었다. 팜빌(FarVille, www.farmville.com[5]) 같은 게임
의 경우 일간 활성 사용자가 1억명을 넘어가는데 채 두 달이 걸리
지 않았을 정도였다.

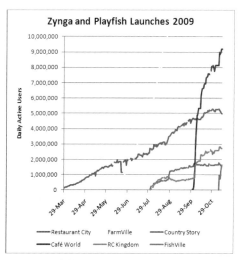

▲ 징가와 플레이피쉬 게임들의 2009년 사용량[6]

---

4) 2009년 EA에 인수된 후 2013년 모든 게임들이 서비스 중단
5) 대한민국 내에서는 접속 불가
6) FishVille Gets Millions of Users in First Week, But Sees Slower Growth Than Past
   Zynga Titles http://www.adweek.com/socialtimes/fishville-gets-millions-of-
   users-in-first-week-but-slower-growth-than-past-zynga-titles/564692

이렇게 페이스북 플랫폼 초창기에 참여한 기업들이 어마어마한 사용자들을 모을 수 있었던 배경은 무엇이었을까?

1. 충분히 큰 플랫폼

페이스북이 보유하고 있던 2000만명 이상의 사용자들은 당시 기준으로는 그 어디에서도 비교할 수 없을 만큼 큰 숫자였다. 서비스는 그 서비스가 올라가 있는 플랫폼 사이즈의 최대치로 밖에 성장할 수 없는데, 페이스북은 충분히 큰 플랫폼이었다.

2. 1:n 으로 확산될 수 있는 플랫폼 구조와 프로그래밍 가능한 API

사용자 한명이 자신의 친구 여러 명에게 한 번에 정보를 확산시킬 수 있고, 이런 모든 활동들을 서비스 제공자 측에서 API 프로그래밍으로 제어할 수 있었다. 또한 API 사용에도 지금과 달리 큰 제약이 없었다.

3. 새로운 채널

가장 중요한 점인데, 사람들은 전에 이런 종류의 서비스들을 사용해 본적이 없었기 때문에 높은 응답률을 보였다. 쉽게 말해서 페이스북에서 각종 게임 초대가 왔을 때 지금과 달리 대부분 수락을 했다는 것이다.

그러나 이런 서비스와 플랫폼의 성장이면에는 반드시 부작용이 존재할 수 밖에 없다. 너무 많은 서비스들이 난립하면서 하루에 수 십 개 이상의 초대 메시지를 받는 사용자들이 생겨났고, 이들은 곧 불만을 제기하기 시작한다. 페이스북 입장에서는 당초 외부 서비스들을 끌어안아 사용자들에게 좀 더 다양한 기능을 제공함으로써 플랫폼 전체를 키우고자 했던 전략을 세웠고, 또 성공했지만 이제는 그 전략이 성장의 발목을 잡을 수도 있게 된 것이다.

이로 인해 페이스북은 2010년부터는 이런 초대 메시지들이 사용자들에게 노출되는 수준을 감소시키는 변화를 택하고,[7] 이로 인해 전처럼 페이스북 기반의 앱 - 페이스북 플랫폼 성장에 따라서 '위젯'에서 '앱'으로 명칭을 변경 - 이 별 다른 광고 없이도 몇 달 만에 수천만명 이상의 사용자들을 확보하는 일은 거의 불가능한 것이 된다.

이런 변화는 페이스북의 매출 전략과도 밀접한 관련이 있다. 페이스북 입장에서는 자신들의 플랫폼 내에서 예상을 훌쩍 뛰어넘는 게임 같은 서비스들이 유통되면서 IPO를 할 만큼[8] 돈을 벌었지만, 정작 자신들에게 분배되는 돈은 거의 없는 현실이 달갑지만은 않았을 것이다. 따라서 페이스북은 '유기적 도달'은 줄이면서, 더 많은 사용자들에게 도달하려면 광고를 구매하라는 정책을 내세우기 시작한다. 이런 변화를 통해 페이스북 앱 외에도, 페이스북 페이지에서 콘텐츠를 게시했을 때 사람들에게 노출되는 비율까지 현격하게 줄어들게 된다.

---

7) How Facebook killed (most) spam http://edition.cnn.com/2011/TECH/social.media/01/27/facebook.spam/
8) 2011년 징가, 나스닥 상장

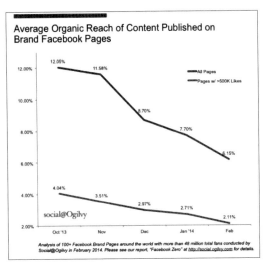

▲ 페이스북 페이지의 유기적 도달률 감소 그래프[9]

또 다른 사례 – 카카오 게임 플랫폼

페이스북과 유사한 사례는 아주 가까운 곳에서도 발견할 수 있다. 2012년에 시작한 카카오 게임 플랫폼도 이와 유사한 양상을 보였다.

9) Brands' Organic Facebook Reach Has Crashed Since October: Study (2014)
   http://adage.com/article/digital/brands-organic-facebook-reach-crashed-october/292004/

1. 플랫폼 출발과 사용량 폭발

카카오 게임 플랫폼 초창기, 애니팡 등의 게임이 선풍적인 인기를 끌었다. 기존 게임 사용자 층에 해당하지 않는 사람들까지 흡수하며, '국민 게임'이라고 불리기까지 한다.

2. 사용자들의 불만 고조

처음에는 신기하고 재미있어서, 곧잘 수락하던 각종 게임 초대 메시지에 사용자들이 슬슬 싫증을 내기 시작한다. 흥미가 떨어진 것도 있지만 너무 많은 게임들이 비슷한 형태의 초대 메시지들을 발송하다 보니, 사용자들을 이를 스팸으로 인지하기 시작한다.

3. 알림 메시지 도달 방식 조절

사용자들을 불만을 인지한 카카오는 게임 메시지 발송에 각종 제약을 만들기 시작하고, 게임 메시지를 쉽게 차단할 수 있는 기능을 제공하기 시작한다.

페이스북과 거의 유사한 이런 전개로 인해, '카카오 게임하기'의 사용자 추이 역시 페이스북과 비슷한 추이를 보여준다.

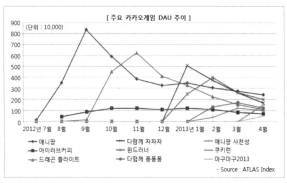

▲ 카카오게임하기 DAU 추이[10]

위 그래프에서, 카카오 게임 초창기에 시작한 애니팡과 드래곤 플라이트 등은 시작하지 한두 달 만에 수백만의 사용자를 획득한다. 여기서 주목해야 할 것은, 이후에 나온 게임들은 그 어떤 게임도 카카오 게임하기의 첫 번째 성공 주자였던 애니팡의 최대 사용량을 넘어서지 못했다는 것이다. 이후 출시된 게임들은 초창기 게임과 달리 대규모의 유료 광고 캠페인을 함께 진행했음에도 불구하고 말이다.

이런 사례들에서 우리는 채널의 가장 중요한 특성인 모든 채널은 시간이 지남에 따라 쇠퇴decay한다는 사실을 발견할 수 있다.

채널의 첫 번째 특성 – 시간에 따른 쇠퇴Decay

모든 채널은 시간이 지남에 따라 쇠퇴한다. 이는 위에서 예로 언급된 웹, 모바일 플랫폼 뿐만이 아니라 모든 채널이 공통적으로 겪는 현상이다.

이메일이나 전화(텔레마케팅), 오프라인 우편물도 모두 비슷한 흐름의 쇠퇴를 겪었다.

▲ 대부분의 사람들에겐 안 읽은 메시지들이 잔뜩 쌓여 있음

- 전형적인 채널의 쇠퇴 과정 : 채널의 시작 → 초기 사용자들의 긍정적인 반응 → 좋은 채널이라는 소문이 나면서, 그 채널을 통해 정보를 전달하는 사람들이 많아지기 시작 → 사용자들이 스팸으로 인지하면서 불만이 쌓이거나 반응이 무뎌짐 → 채널 쇠퇴

  이런 채널 쇠퇴 과정은 그 채널을 관리하는 플랫폼 사업자 –페이스북, 카카오, 이메일 서비스 제공자 등– 들의 의지에 따라서 천천히 진행되기도 혹은 빠르게 진행되기도 한다. 하지만 기본적으로 생물학적 측면에서 인간의 자극에 대한 반응 본능에서 기인한 것으로, 사업자들이 어떻게 할 수 없는 커다란 자연 법칙과도 같은 것이다. 인간은 계속되는 유사한 자극에는 둔감해지기 때문에 채널의 자극에 대한 반응이 줄어드는 것은 피할 수가 없다.

---

10) 카카오톡 가입자 1억명 달성과 위기설 http://www.mobizen.pe.kr/tag/2611

이렇게 채널이 쇠퇴할 때 나타나는 현상을 '채널의 쇠퇴의 5가지 현상들'5Cs of Channel Decay이라고 부르기도 한다.

모방 (Copycats)	채널에 다른 사업자들을 모방하는 다수의 사업자들이 등장
이탈 (Churn)	채널에서 사용자들이 이탈하기 시작
퇴출 (Castoff)	채널의 관리자가 스팸 등의 이슈로 사업자들을 퇴출하기 시작
정복 (Conquest)	채널이 포화되어 초기 사업자들도 이탈하기 시작
비용 (Costs)	채널을 사용하는 비용이 증가

채널의 두 번째 특성 − 태생적 제약 Little Control

우리가 이해해야 하는 채널의 두 번째 특성이자, 또 다른 어려움은 채널이 가지고 있는 '태생적 제약 Little Control' 조건이다. 이 특성을 알아보기 위해, 재미있는 앱 하나를 살펴보겠다.

▲ 알람런[11]

    알람런은 '소셜 알람'이다. 즉, 사용자가 어떤 시간에 일어나겠다고 시간을 맞춰 놓고, 그 시간에 일어날 경우, 내 페이스북 담벼락에 '굿모닝' 메시지가 올라가고, 만약 그 시간에 일어나지 못하면, 재미있는 메시지 - 예를 들면 '○○님이 아직도 침 흘리며 자고 있습니다' 같은 - 가 올라간다.

이것을 '채널' 관점에서 생각해보자.

---

11) https://play.google.com/store/apps/details?id=com.handsome.alarmrun
    https://itunes.apple.com/kr/app/allamleon-bandeusi-eonanda/id998088499?mt=8

담벼락에 메시지가 올라가는 것은 이 알람 앱의 고유한 차별 요소인 동시에, 이를 통해서 다른 사용자들을 더 끌어 모으기 위해 페이스북을 사용하는 다분히 기획적으로 의도된 '채널 전략'이다. 친구들의 담벼락에 올라온 알람런 메시지를 보고, 새로운 사용자들이 유입되는 것이 기대하는 프로세스다.

중요한 것은 새 사용자가 '친구들의 담벼락에 올라온 메시지를 보고 반응을 할지 말지 결정한다'는 부분인데, 이런 사용자의 결정에 영향을 미칠 수 있는 요소 중 우리가 컨트롤할 수 있는 부분은 4가지 밖에 없다.

1. 글에 엮인 메시지   2. 기본으로 표시되는 이미지
3. 앱 공식 명칭   4. 앱 설명

이렇듯 사용자가 우리 서비스를 처음으로 사용하지 말지 결정하는 것에는, 우리 서비스가 외부 채널에서 어떻게 보이는지가 아주 중요한 영향을 끼치기 때문에 '채널은 제품 UX의 50%를 차지

한다'라고 표현하기도 한다. 하지만 동시에 소비자의 그런 결정에 영향을 미치는 것에 위 네 가지 요소처럼 그 채널의 고유한 제약 조건이 있고, 우리는 그 제약 조건을 벗어나는 어떤 것들을 사용할 수 없기 때문에 채널 전략은 아주 중요하지만 어려운 일이 된다.

'검색 엔진 최적화'를 진행할 때 웹페이지 제목 및 페이지 상세 정보를 중요하게 고려하는 것도, 검색 결과에서 사용자가 어떤 웹페이지를 누를지 선택하는 것에 영향을 미칠 수 있는 요소가 웹페이지 제목과 페이지 상세 정보 밖에 없기 때문이다.

▲ '스타트업'을 검색했을 때 나오는 검색 결과 화면. 사용자가 어떤 웹문서를 누를지 영향을 줄 수 있는 요소는 제한적

지금까지 우리는 몇가지 사례를 통해, '모든 채널은 시간에 지나면서 쇠퇴한다', '채널은 UX의 50%를 차지하지만, 많은 제약 조건을 가진다'는 두가지 큰 특성을 알아보았다. 지금부터는 이런 이해를 바탕으로 어떤 채널을 선택할 것인지, 그리고 새로운 훌륭한 채널을 발견하기 위해서는 어떤 방법을 사용할 수 있는지 알아보자.

채널 전략 1   어떤 채널을 선택할 것인가?

채널은 그 자체로서 하나의 제품이기 때문에, 우리가 앞 장에서 보았던, 기술 제품의 S형 성장 곡선을 따라 성장하고 쇠퇴한다.

1단계 – 미성숙 단계

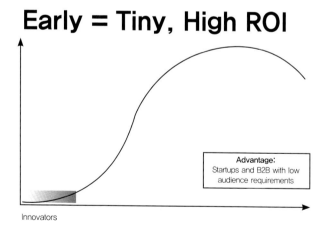

- 1단계는 아직 채널도 '실험적'인 단계를 지나지 못한 상태다. 미래에 엄청난 채널이 될 수도 있지만, 동시에 언제 없어져도 이상하지 않은 상태다.
- 이 단계의 채널은 소수의 사용자들도 의미 있는 B2B 계열의 서비스들이 시도해볼 만하다. 채널에서 다수의 사용자를 획득하기는 어렵기 때문이다.

2단계 – 황금 시대

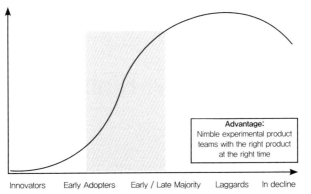

Golden Age = Big, High ROI

Advantage:
Nimble experimental product teams with the right product at the right time

Innovators   Early Adopters   Early / Late Majority   Laggards   In decline

- 채널이 급격하게 성장하는 단계로, 우리가 이런 채널에 들어가 있을 경우 채널과 함께 어마어마한 성장을 기대할 수 있다. 페이스북 플랫폼이 급격하게 확장되던 그런 시기에 해당한다.
- 대부분의 제품들에게 적합하고, 또 들어가길 원하는 채널이지

만, 아직 우리 제품이 대규모의 사용자에게 선보일 준비가 되지 않았다면, 조심해야 한다. 많은 사용자들이 유입된 후에 금새 빠져 나가서, 정작 우리가 준비되었을 때는 아무도 우리를 돌아보지 않을 위험성도 존재하기 때문이다.

3 단계 - 성숙 단계

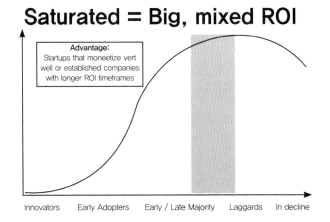

Saturated = Big, mixed ROI

> **Advantage:**
> Startups that moneetize vert
> well or established companies
> with longer ROI timeframes

Innovators　　Early Adopters　　Early / Late Majority　　Laggards　　In decline

- 채널이 거의 정점에 도달한 상태로, 서서히 사용자나 채널 내 다른 사업자들의 유입이 감소한다.
- 매출 수단에 최적화가 되어 있는 기업들에게 적합하다. 이 기업들은 고객 획득에 얼마를 투자했을 경우 얼마를 벌 수 있는 지를 명확하게 알고 있기 때문에, 이런 채널에서는 정확한 투

여Input, 산출Output 계획을 통해 매출을 성장시킬 수 있다.

4 단계 – 쇠퇴 단계

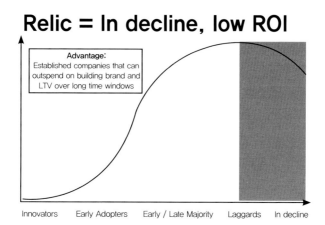

Relic = In decline, low ROI

Advantage:
Established companies that can
outspend on building brand and
LTV over long time windows

| Innovators | Early Adopters | Early / Late Majority | Laggards | In decline |

- 채널이 점점 쇠퇴하는 바로 그 단계다.
- 이 단계의 채널은, 직접적인 매출이나 성장을 기대하는 것보다, 이미 아주 규모가 큰 기업에서 브랜드 인지도 강화 등을 노리거나, 아주 긴 사용자 평생 가치User Lifetime Value를 가지는 제품의 경우에 시도해 볼만하다.

3, 4 단계의 채널은 경쟁이 널리 알려져서 경쟁이 심화되어 있고, 투자 대비 성장도 기대할 수 있는 수준이 낮다. 따라서 '그로스 해킹적'인 측면에서는 1, 2단계에 있는 채널에 집중하는 것이 좋은

판단이다. 즉, '빠르게 성장하는 채널에 최대한 빨리 들어가는 것'이 최선의 전략이 될 것이고, 이 전략은 '빠르게 성장할 것 같은 채널을 어떻게 발견할 것인가?'라는 두 번째 채널 전략으로 이어진다.

채널 전략 2 어떻게 새로운 채널을 발견할 것인가?

이미 우리 주변에는 앞으로 어마어마한 채널이 될 가능성을 가진 많은 서비스들이 존재한다. 따라서 우리는 이런 숨겨진 채널을 '발견하는 것'에 집중해야 한다.

채널을 발견하는 방법 중 가장 효과적인 방법은 UX 디자인 방법론에서 사용되는 '고객 여정 지도Customer Journey Map'를 응용하는 것이다.

- 고객 여정 지도 : 고객이 서비스를 경험하게 되는 과정을 정의하고, 그 과정에서 생기는 고객 체험을 시각화하기 위해 사용되는 방법이다. 고객이 서비스와 처음 만나는 초기 접점에서부터 서비스가 끝나는 순간까지 서비스를 이용하는 과정을 그림이나 사진, 도표 등으로 나타내어 시각화한다.

---

12) How to Create a Customer Journey Map http://uxmastery.com/how-to-create-a-customer-journey-map/

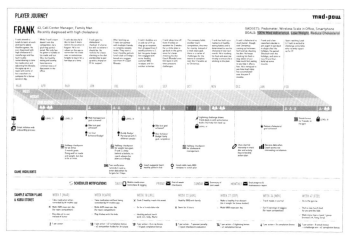

▲ 고객 여정 지도 샘플[2]

　다만 보통 고객 여정 지도는 사용자들이 우리 제품을 접하게 되는 과정이나, 우리 제품이 필요하게 되는 순간에 초점을 맞추는 데 비해, 채널 발견을 위해 사용하는 고객 여정 지도는 사용자들이 어떤 다른 제품을 사용하고 있는지에 초점을 맞춘다는 차이점이 있다.

CHAPTER 05

고객 활성화와 재사용

이번 장에서는 AARRR 분석의 인지 단계 다음에 해당하는 '고객 활성화와 재사용' 단계를 살펴 보려고 한다.

AARRR 단계	내용
Acquisition (인지)	4장 채널
Activation (활성화)	5장 고객 참여와 재사용
Retention (재사용)	
Revenue (매출 발생)	–
Referral (추천)	6장 네트워크 효과와 입소문

Activation, Retention 의 의미 다시 생각하기

우리가 만든 제품의 고객들이 그 제품의 고유한 가치를 인지하고, 그 제품이 그들의 삶에 뺄 수 없는 어떤 것이 되면 우리는 큰 사회적, 사업적 가치를 창출할 수 있다. Activation과 Retention 이라는 개념은 이런 '제품 가치의 올바른 전달'과, '가치의 지속적인 소비'라는 맥락에서 이해되어야 한다. Activation을 '회원 가입', Retention을 역시 '웹사이트 재방문' 또는 '앱 재실행' 정도로 좁게 해석할 경우, AARRR 분석을 통해서 우리가 알게 되고 진짜 집중해야 하는 '우리 제품의 가치가 고객들에게 잘 전달 되고 있는가?'에 대한 답을 찾기가 어렵다.

첫 번째로 '활성화'는 '고객이 우리 제품'의 가장 핵심적인 기능을 경험하고 그 가치를 인지하는 단계'다. 따라서 '활성화'는 우리 제품이 어떤 가치를 제공하는지에 따라 단순히 '회원 가입' 이 아니라 '사진 업로드', '게시글 작성', '구매'처럼 다양하게 정의될 수 있다.

[활성화 예시]

예시 제품	제공하는 가치	활성화
로켓펀치	비즈니스 프로필과 채용 정보	회원 가입 후 비즈니스 프로필 완성
인스타그램	필터 기반 사진 편집	회원 가입 후 사진 편집 완료
에어비앤비	다양한 숙박 시설 중개	회원 가입 후 숙박 예약을 완료
카카오톡	무료 메시지	회원 가입 후 친구들을 찾고 메시지를 전송
카페 (커뮤니티)	게시판 기반 콘텐츠 제공	회원 가입 후 콘텐츠 생산 참여
드랍박스	클라우드 기반 파일 공유	회원 가입, 앱 설치 후 파일 업로드
모바일 게임	게임을 통한 즐거움	앱 다운로드 후 튜토리얼 완료
스마트 밴드	활동 측정을 통한 건강 관리	제품 구매, 착용과 앱 연동
쇼핑몰	제품 판매	회원 가입 후 장바구니에 담고 결제

이런 맥락에서 활성화는 단 하나의 큰 단계가 아니라, 여러 작은 단계들의 조합으로 보아야 한다. 우리가 쇼핑몰을 운영 중이라고 가정할 때, 어떤 사용자는 회원 가입 단계에서 멈추고 어떤 사

용자는 장바구니 담기 상태에서 멈췄을 것이며, 또 어떤 사용자는 결제 화면에서 사용을 멈추었을 것이다. 어떤 단계에서 사용자들이 그 다음 단계로 넘어가지 않고 있다는 것은 그 단계가 우리 가치 – 이 경우에는 물건 판매 – 가 제대로 전달되지 않았다는 의미다. 그런 문제를 발견하고 절절히 대처하기 위해서는, 활성화를 충분한 세부 단위로 나누어 살펴 보아야 한다.

[활성화 세부 단계 예시 – 쇼핑몰]

활성화 단계	단계	각 단계에서 발생할 수 있는 문제
Step 1	상품 살펴보기	상품 자체나, 상품 설명에서 매력을 느끼지 못하는 경우 이탈
Step 2	회원 가입	회원 가입 절차가 너무 복잡해서 중간에 사용자들이 이탈 (특히 실명 인증 단계 등)
Step 3	장바구니 담기	장바구니에 담긴 했는데, 이 상품이 정말 구매할 만한 가치가 있는지 다른 대체 수단은 없는지 고민하다가 이탈
Step 4	결제	Active X 등의 문제로 결제 절차가 너무 복잡해서 이탈

[활성화 세부 단계 예시 – 커뮤니티]

활성화 단계	단계	각 단계에서 발생할 수 있는 문제
Step 1	콘텐츠 읽기	콘텐츠가 가치가 없다고 판단해서 이탈
Step 2	회원 가입	회원 가입 절차가 너무 복잡해서 중간에 사용자들이 이탈 (특히 실명 인증 단계 등)

활성화 단계	단계	각 단계에서 발생할 수 있는 문제
Step 3	콘텐츠에 대한 반응 – 댓글이나 추천	댓글이나 추천 UI가 익숙하지 않아서 사용하지 않는 경우
Step 4	콘텐츠 생산에 참여	글쓰기, 사진 업로드 등이 불편해서 사용 중단

실제로 한 '신선 식재료 쇼핑몰'에서는 이렇게 작은 단위로 활성화를 나누어서 살펴보자, 많은 사용자들이 '장바구니 담기' 단계에서 멈춰 있는 것을 발견했다. 많은 사용자들이 '여기서 파는 제품이 과연 믿을 만한가?'에 대한 의문이 생겨 최종 결제를 주저했던 것이다.

두 번째로, 재사용은 '고객이 그들의 삶에서 우리 제품의 가치를 지속적으로 소비하는 단계'다. 우리가 뉴스 서비스를 제공하고 있다면, 사용자들이 우리 웹 페이지를 재 방문하는 것만으로도 가치가 있을 수 있다. 사용자들은 우리가 제공하는 핵심 가치인 '뉴스 콘텐츠' 소비하고 있으며, 보통 뉴스 서비스들은 '광고'를 통해서 매출을 발생시키는 것이다. 따라서 사용자들의 방문해서 페이지 뷰가 발생하는 것만으로도 매출에 직접적인 도움이 된다. 그런데 만약 우리가 쇼핑몰이라면 어떨까? 극단적인 경우로 모든 사용자들이 계속 우리 상품 페이지를 방문하지만, 그 방문이 최종적으로 구매로 이어지지 않는다고 가정하자. 그러면 우리는 사용자들에게 상품 콘텐츠를 보여주기 위한 네트워크 비용만 계속 쓰게 되고, 매출은 발생하지 않아 결국 사업에서 큰 적자를 보게 될 것이다.

이렇듯 재사용도 각 서비스에 따라 서로 다른 형태로 정의해야 하며, 활성화에서 사용자들에게 제공된 제품의 핵심 가치를 사용자가 지속적으로 향유하는 것을 의미한다.

예시 제품	활성화	재사용
로켓펀치	회원 가입 후 비즈니스 프로필 완성	비즈니스 프로필 업데이트 계속
인스타그램	회원 가입 후 사진 편집 완료	사진 업로드 계속
에어비앤비	회원 가입 후 숙박 예약을 완료	또 다른 숙박 예약
카카오톡	회원 가입 후 친구들을 찾고 메시지 전송	메시지 전송
카페 (커뮤니티)	회원 가입 후 콘텐츠 생산 참여	콘텐츠 생산 계속
드랍박스	회원 가입, 앱 설치 후 파일 업로드	파일 업로드 계속
모바일 게임	앱 다운로드 후 튜토리얼 완료	튜토리얼 이후 플레이 계속
스마트 밴드	제품 구매, 착용과 앱 연동	지속적인 밴드 착용과 데이터 연동
쇼핑몰	회원 가입 후 장바구니에 담고 결제	구매 계속

이처럼 활성화와 재사용을 각 제품의 가치에 맞게 고유하게 정의하는 것이 선행되어야, 적절한 사용자 활성화 전략과 재사용 전략을 세우고 성장을 개선해 나갈 수 있다.

DAU, WAU, MAU 다시 생각하기

제품의 성과를 이야기할 때 흔히 이야기하는 일간 활성 사용자 Daily Active User, DAU, 주간 활성사용자Weekly Active User 월간 활성 사용자Monthly Active User, MAU도 '우리 제품만의 고유한 가치'라는 측면에서 바라보아야 한다.

아래 두 가지 경우를 생각해보자.

1. 온라인 기반 - 인스타그램과 에어비앤비

인스타그램과 에어비앤비는 모두 각자의 영역에서 큰 성공을 거둔 제품들이다. 각자의 영역이 다르고 돈을 버는 방법이 다르기 때문에, DAU나 MAU에 대한 관점도 다를 수 밖에 없다.

인스타그램은 '사진'에 관련된 제품이다. 사람들이 사진을 찍는 행위는 하루에도 몇 번씩 일어난다. 따라서 인스타그램이 진정 사람들의 일상에 스며들었다면, 사용자들은 사진을 하루에도 몇 번씩 인스타그램을 통해 게시해야 한다. 또한 인스타그램은 광고를 기반으로 매출을 올리기 때문에, 사람들이 자주 방문하는 것이 매출에 지대한 영향을 끼칠 것이다. 따라서 인스타그램의 경우 MAU 보다는 DAU가 더 중요한 지표가 될 것이다. 제품이 제대로 동작하고 있다면 즉, 사람들이 충분히 자주 들어와서 쓰고 있다면 DAU와 MAU의 차이가 크지 않아야 한다.

에어비앤비는 '여행'에 관련된 제품이다. 대다수의 소비자들은 긴 연휴나 휴가철 또는 방학 기간을 활용하여 일년에 2~3회 정도 여행을 간다. 따라서 에어비앤비가 사람들의 일상에 스며들었다고 하더라도, 사용자들이 에어비앤비를 매일 접속할 이유는 없다. 휴가를 계획하는 기간에 몇 번 접속해서 숙소 예약을 끝내고 여행을 다녀오고 나면, 한동안 잊고 있다가 나중에 다시 여행 시즌에 접속한다고 하더라도 에어비앤비 입장에서는 전혀 문제될 것이 없다. 접속 빈도는 떨어지지만 매출 방식 자체가 거래에 대한 수수료고, 한 번의 거래 금액이 상대적으로 크기 때문이다. 따라서 에어비앤비의 경우 DAU 보다는 MAU가 더 중요한 지표가 될 것이다. 또는 분기별 활성 사용자Quarterly Active User, QAU를 측정하여 제품 개선에 사용할 수도 있다. 제품이 제대로 동작하고 있더라도, DAU 보다 MAU가 몇 배나 더 큰 수치를 보이는 것은 지극히 정상적인 상태일 것이다.

2. 오프라인 기반 - 운동 잡지와 피트니스 센터

오프라인의 경우에도 비슷한 비교를 할 수 있다. 운동에 관련된 주제를 다루는 운동 잡지와 피트니스 센터의 사례를 생각해 보자. 보통 운동 잡지는 유료로 판매되는 경우도 있지만, 더 큰 매출은 잡지에 함께 실리는 광고에서 나온다. 따라서 운동 잡지의 경우 최대한 많은 사람들에게 노출이 되어야 하며, 그 노출 숫자가 광고 수익으로 직결된다. 따라서 집계할 수 있다면, 위 인스타그램의 사례처럼 DAU가 더 중요한 지표가 된다. 이에 반해 피트니스 센터는 훨씬 더 적은 수의 사람들을 대상으로 하지만 그 사람들은 매월 적게는 몇 만원부터, 많게는 몇 십만원까지 지출하는 고객들일 것이다. 따라서 피트니스 센터의 경우에도 가장 중요하면서, 매출에 직접적인 영향을 미치는 것은 '한 달에 실제 이용객이 몇 명인가?'를 알 수 있는 MAU가 될 것이다.

고객 활성화와 재사용의 개선 원칙 – '자연스러움'

앞서 '시장을 뛰어넘는 사업은 없다'라는 표현을 쓴 적이 있다. 이와 유사하게 고객 활성화와 재사용 관점에서는, '고객의 자연스러운 라이프스타일을 뛰어넘는 제품은 없다'고 표현할 수 있다. 우리가 아무리 뛰어난 여행 관련 제품을 만든다고 해도, 대중의 라이프스타일을 생각해보면 그 제품은 매일 사용하는 제품이 되기는 어렵다.

우리 제품의 가치가 고객에게 명확히 인지되고 그들의 삶 속에서 꾸준히 사용되기를 원한다면, 고객의 자연스러운 사용 패턴을 고려하고, 그에 맞는 성장 모델을 택하는 것이 우선이다. 이후에 여러 가지 최적화 작업을 통해서 작은 개선을 이룰 수는 있다. 하지만, 고객들의 자연스러운 삶을 벗어나는 어떤 것을 기대하는 것은 불가능하며, 기대할 필요도 없다. 우리가 해야 하는 것은 우리 제품의 명확한 가치를 전달하고, 그에 맞는 적절한 매출을 발생시키는 것이기 때문이다. 어떤 제품은 그 제품이 해결한 고객의 문제 크기만큼 돈을 벌게 된다.

이런 '자연스러움'에 대한 이해가 없을 때 우리는 잘못된 성장 전략들을 택하게 되는데, 그 대표적인 것이 사용자에게 끊임없이 발송되는 스팸성 문자 메시지나 이메일이다. 어떤 알림 메시지를 스팸인지 혹은 정보인지 판단하는 것은 전적으로 사용자에게 달려있다. 그 사용자가 우리 이메일을 유용한다고 판단한다면 그것

은 정보가 되고, 쓸데없는 정보라고 생각한다면 그것은 스팸이 된
다. 사용자들의 자연스러운 이용 패턴을 무시하는 각종 '스팸성
기술'들은 성장에 아무런 도움이 되지 않는다.

아래 자료는 페이스북의 2004년 광고 상품 소개서 내용 중의
일부다.

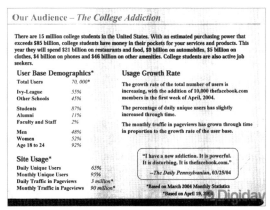

▲ 페이스북의 2004년 광고 상품 소개서[1]

현재에 비하면 아주 미미한 숫자인 고작 7만명의 사용자들을
보유하고 있다고 나와있지만, 중요한 것은 그 사용자들 중 65%가
매일 페이스북을 방문하고 있고, 또 95%는 적어도 한 달에 한 번
은 방문하는 것으로 나와 있는 DAU, MAU 수치다. 페이스북이 현
재 전세계 수십억 명의 매일 사람들이 쓰고 있는 거대한 플랫폼이

---

1) http://beebom.com/facebook-adverts-2004/

될 수 있었던 것은, 태생적으로 가까운 사람들의 소식을 확인하고자 하는 현대 인류의 생활 습관과 밀접한 관련을 가지고 만들어진 제품이었기 때문이다.

사용자들의 자연스러운 라이프스타일을 이해하고, 우리의 제품이 그 안에 녹아 들 수 있게 우리 만의 방식을 찾아야 한다.

고객 활성화와 재사용 전략 수립 – 트리거 모델

고객 활성화와 재사용 전략을 수립하는 것에, 현재까지 알려진 가장 좋은 방법은 '발생 조건 – 행동 – 보상'으로 이루어진 '트리거Trigger' 모델이다. 사용자가 어떤 상황이 발생했을 때 그 상황에 맞는 우리 제품의 가치를 제공하고, 이 과정의 반복을 통해 우리 제품이 사용자의 '습관'을 만들기를 기대하는 것이다.

이런 방식의 '트리거' 모델은 소프트웨어나 인터넷 산업 훨씬 전부터 사용되어 왔다. 그 가장 대표적인 예는 '치약과 칫솔'이다. 치약과 칫솔은 현시대를 살아가는 현대인들은 대부분 왜 사용해야 하는지 잘 알고 있고, 적어도 하루에 두 번 이상은 꾸준히 사용하고 있는 '생활 필수품'이다. 하지만 지금은 이렇게 지극히 당연해 보이는 '치약과 칫솔 사용 습관'도 제품 등장 초창기에는 사람들에게 인지시키고 습관화 시키는 과정이 필요했다.

현재는 거의 모든 사람들이 치약과 칫솔의 진짜 가치를 알고 있고 습관적으로 쓰고 있다. 따라서 지금 나오는 치약, 칫솔 광고에서 '왜 이를 닦아야 하는지'를 이야기 하지는 않는다. 하지만 위 광고를 보면 이렇게 생활에 스며든 제품도 초창기에는 왜 이 제품을 써야 하는지를 '발생 조건과 그에 맞는 가치 전달'로 이루어진 트리거 모델을 통해 전달하고 있음을 알 수 있다.

[초창기 치약, 치솔의 트리거 모델]

- 발생 조건 → 소비자의 행동 → 보상
- 입 냄새가 난다→치약을 써서 이를 닦는다→입 냄새가 없어진다.
- 더러운 이 때문에 덜 매력적으로 보인다 → 치약을 써서 이를 닦는다 → 이가 깨끗해 진다.

현대 소프트웨어/인터넷 산업에서 이 모델이 가장 정교하게 사용되는 있는 산업은 게임 분야다. 우리가 알고 있는 많은 게임들은 어떤 조건에 따라 사람들의 행동을 유도하고, 그 행동이 완료되면 어떤 보상을 제공한다. 몇 번 이상 게임에 접속하면 특별한 아이템을 주거나, 어떤 몬스터를 잡으면 특별한 칭호를 부여한다. 이런 게임에서 사용되는 기법들을 게임이 아닌 분야에 접목해서 제품의 성장을 가속화하는 개념을 특별히 '게임화Garmification[2]'라고 부르는데, 이 책에서는 더 다루지 않겠지만, 좀 더 살펴보는 것을 추천한다.

---

2) 위키백과 게임화 : https://ko.wikipedia.org/wiki/게임화

대표적으로 사용할 수 있는 트리거 카테고리와 유도할 수 있는 행동에는 아래와 같은 것들이 있다.

카테고리	트리거와 행동 유도
시간 기반	시간 기반 일어나서 이메일을 확인하세요 – 알람이 결합된 이메일 앱 추석 전에 날짜에 택배를 배달 받으려면 이번주 안에 주문하세요 – 쇼핑몰
경고 기반	당신의 주식이 몇% 떨어졌습니다. 확인해 보세요. – 재무 관리 서비스 당신 회사의 서버가 다운되었습니다. 확인해 보세요. – 서버 모니터링 서비스
지인 기반	당신의 친구가 당신에게 100$ 여행 크레딧을 선물했습니다. – 친구 목록이 있는 여행 서비스 (에어비앤비) 당신의 친구가 당신의 사진을 태깅했습니다. – 페이스북
위치 기반	(비행 후 새로운 나라에 도착) 이 나라에는 이런 여행지들이 유명합니다 – 여행 정보 앱
시간 변화 기반	(생일 꽃바구니를 배달 1년이 지난 시점에) 올해에는 이런 꽃 선물 어떠신가요? – 꽃배달 서비스 (앱을 통해 음식 주문하고 약 30분 정도 후 음식이 도착했을 것 같은 시점에) 먹기 전에 음식 리뷰를 남겨 볼까요? – 배달 앱

▲ 위치 기반으로 행동을 유도하는 포스퀘어(Foursquare, www.
foursquare.com)와 스웜(Swarm, www.swarmapp.com)》

▲ 급격한 앱 사용량 변화를 있음을 알려주는 Answers.IO 이메일[3]

이런 과정을 통해 도출된 '발생 조건 – 행동'으로 이루어진 트
리거 모델은 성장 로드맵과 유사한 표를 통해서 우선 순위를 정하
고 실행할 수 있다.

---

3) Answers : https://answers.io/

[재무 관리 서비스의 트리거 모델]

트리거	영향력 (1~5)	상한선 (1~5)	개발 비용 (1~5)	합계
일간 소식 요약 이메일	5	1	3	9
주식 가격 급락 경고	2	4	5	11
알림용 크롬 확장 프로그램	2	5	2	9
주식 구매 후 1, 2, 3개월 리포트 메일	3	2	5	10

- 영향력 : 사용자들이 느끼는 효용
- 상한선 : 현재 사용자들의 재사용 습관이 개선되는 정도
- 개발 비용 : 말 그대로 전체 기획-디자인-런칭 비용 (낮을수록 높은 점수)

이런 형태로 트리거 모델이 만들어지고 나면, 이에 맞춰서 고객 활성화 단계가 변경되어야 한다. 왜냐하면 어떤 트리거를 쓰기 위해서는 반드시 필요한 선행 정보들이 있기 때문이다.

[트리거 모델에 필요한 선행 정보의 예시]

카테고리	트리거와 행동 유도	선행 정보
시간 기반	일어나서 이메일을 확인하세요. - 알람이 결합된 이메일 앱	고객 이메일
경고 기반	당신의 주식이 몇% 떨어졌습니다. 확인해 보세요. - 재무 관리 서비스	고객이 어떤 주식을 담아 두어야 함

카테고리	트리거와 행동 유도	선행 정보
지인 기반	당신의 친구가 당신에게 100$ 여행 크레딧을 선물했습니다. - 친구 목록이 있는 여행 서비스 (에어비앤비)	사용자의 친구 목록
위치 기반	(비행 후 새로운 나라에 도착) 이 나라에는 이런 여행지들이 유명합니다. - 여행 정보 앱	사용자의 위치 정보 접근 허가
시간 변화 기반	시간 변화 기반 (어머니 생신에 꽃바구니를 배달한지 1년 후) 올해 어머니 생일에는 이런 꽃 선물 어떠신가요? - 꽃배달 서비스	첫 상품 구매의 목적이 무엇인지 구분 필요

이렇게 선행 정보가 정해지고 나면 이 선행 정보를 획득하기 위해 고객 활성화 과정에 변화가 필요하다. 예를 들어, '지인 기반'의 예시처럼 쇼핑몰을 운영 중인데 친구 기반으로 쿠폰을 발행하고 싶다면, 회원 가입 단계에서 반드시 사용자의 페이스북 친구나 전화번호부에 접근할 수 있는 권한을 획득해야 한다. 또 '위치 기반' 트리거가 제대로 동작하기 위해서는 앱이 '사용자의 위치 정보'를 접근할 수 있는 권한을 적절한 타이밍에 획득해야 한다.

이런 권한을 요청하기 전에 이 앱이 왜 그런 권한을 요청하는지를 분명하게 사용자에게 알려주는 과정이 있으면, 이 단계에서 사용자들이 이탈하거나 권한을 허가 않는 비율을 현격히 줄여줄 수 있다.

▲ 푸시 알림 전송 권한을 요청하기 전에, 왜 푸시 알림을 왜 보내야 하는지 알려주는 우버(Uber, www.uber.com)

트리거 기반의 UX 설계가 점점 더 중요해지는 이유 – 모바일 환경으로의 이동

이런 트리거 모델과 그에 따른 UX 설계가 점점 중요해지는 이유는 앞으로 점점 더 많은 제품과 콘텐츠가 소비될 모바일 플랫폼의 UX 변화 때문이다. 이에 대한 좀 더 깊은 이해를 위해서 '우리가 알고 있는 앱의 종말The end of apps as we know them[4]'이라는 멋진 분석 글을 꼭 읽어보시길 추천한다.

간단히 요약하면 이런 내용이다. 스마트폰 대중화 초창기에

---

4) The end of apps as we know them https://blog.intercom.io/the-end-of-apps-as-we-know-them/

사람들은 아래와 같은 형태로 앱을 사용했다. 화면에 여러 개의 앱 아이콘들이 배치되어 있고, 하나씩 앱을 눌러서 접근했다.

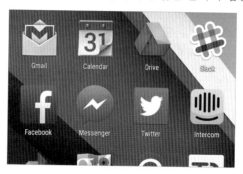

하지만 지금은 이렇게 앱을 직접 눌러서 접근하는 경우보다, 어떤 알림이 왔을 때 그 알림을 통해 앱의 정보에 접근하는 경우가 많다. 알림이 필요한 정보라고 판단되면 그 정보를 확인하고, 불필요한 정보라고 생각하면 알림을 지워버린다. 그리고 불필요한 정보라고 인식되는 알림을 지속적으로 보내는 앱이 있다면, 사용자는 그 앱을 삭제해 버린다.

이런 변화는 사용자들이 사용하는 앱들이 압도적으로 많아지면

서 시작되었고, 모바일 플랫폼을 주도하는 구글과 애플이 이런 사용자들의 변화를 인지하고 각자들의 모바일 운영체제에 거의 비슷한 시기에 알림 센터들을 도입하면서 더 가속화되었다.

사용자들은 앞으로 점점 더 이런 '알림 센터'와 '정보가 담긴 카드' 형태의 UX에 익숙해져 갈 것이다. 이런 형태의 UX에서 가장 큰 장점을 발휘하는 것이 발생 조건과 그에 따른 행동 유도로 이루어진 트리거 기반의 재사용 전략이다.

전 산업적에 걸쳐 발생하고 있는 이런 커다란 변화에 잘 적응하는 제품이 있다면 그 제품은 점점 더 많은 사용자들을 끌어 모으게 될 것이고, 그렇지 못한 제품이 있다면 어느 순간 아주 빠르게 시장에서 도태될 것이다.

이번 장에서 했던 모든 논의는 '사용자들의 자연스러운 라이프스타일을 인지하는 것'에서 출발하는데, 사용자들의 라이프스타일은 인류 사회의 온갖 요소와 맞물려 계속 변화한다. 스마트폰 대중화에 의한 모바일 중심 시대의 시작으로, 과거에 비해서 사람들이 소비하는 콘텐츠들이 점점 더 짧아진 것이 대표적인 변화일 것이다. 고객 활성화와 재사용 전략의 핵심은 이런 세상의 변화를 항상 인지하고 앞으로 다가올 시대의 고객의 자연스러운 라이프스타일은 무엇이며, 우리 제품은 그 라이프스타일에 어떻게 스며들 것인가를 고민하는 것이다.

앞선 채널 전략에서 언급했던 것과 마찬가지로, 우리는 '항상 깨이 있어야' 한다.

CHAPTER 06

네트워크 효과와 입소문

이번 장에서는 AARRR 분석의 마지막 단계인 Referral 를 '네트워크 효과와 입소문Viral'이라는 주제들로 살펴보고자 한다.

AARRR 단계	내용
Acquisition (인지)	4장 채널
Activation (활성화)	5장 고객 참여와 재사용
Retention (재사용)	
Revenue (매출 발생)	–
Referral (추천)	6장 네트워크 효과와 입소문

'입소문 마케팅Viral Marketing' 제대로 이해하기

'입소문 마케팅Viral Marketing, 바이럴 효과Viral Effect' 등은 그 원래 의도와는 다르게 다소 부정직으로 인식되는 용어들이다. 사전적인 입소문 마케팅의 사전적인 정의는 아래와 같다.

입소문 마케팅은 소비자들이 자발적으로 메시지를 전달하게 하여 상품에 대한 긍정적인 입소문을 내게 하는 마케팅 기법이다. 꿀벌이 윙윙거리는buzz 것처럼 소비자들이 상품에 대해 말하는 것을 마케팅으로 삼는 것으로, 구전 마케팅word of mouth, 버즈 마케팅, 바이럴 마케팅이라고도 한다.

모양이나 기능이 뛰어나고 편리하게 사용할 수 있으며 효율성과 가격 면에서도 앞서는 상품, 사람들의 눈에 잘 띄는 상품이 주요 대상이 된다. 예를 들면 폴크스바겐의 딱정벌레 차와 비아그라 · 해리포터 시리즈 등이 대표적인 성공적인 사례이다.

매스미디어를 통한 마케팅 기법에 비해 비용이 저렴하며 기존의 채널로는 도달하기 어려운 소비자에게 접근할 수 있다. 그러나 여론 형성에 주도적인 역할을 하는 사람을 찾아내 적극적으로 활용해야 하며, 공급을 제한하고 커뮤니티를 잘 활용해야 한다. 또한 일정한 궤도에 오르면 광고와 매스미디어를 활용하고, 입소문은 부정적인 면도 갖추고 있으므로 만약의 사태에 항상 대비하는 자세가 필요하다.

– 위키백과, 입소문 마케팅[1]

입소문 마케팅은 인터넷의 대중화와 페이스북, 유튜브, 인스타그램 등 1인 미디어의 발전에 따라, 고객들이 정보의 생산자로 예전보다 더 적극적으로 참여하면서 그 중요성이 점점 더 커지고 있는 개념이다. 과거에는 신문이나 옥외 광고, 텔레비전을 통해서 제품 정보를 일방적으로 전달할 수 밖에 없었고, 그 제품을 체험한 사람이 주변에 제품의 대한 좋은 평가를 알릴 수 있는 수단도 제한적이었다. 하지만 지금은 거의 비용을 들이지 않고도 수백만, 수천만 명의 잠재 고객들에게 우리 제품을 알릴 수 있다.

이런 훌륭하고도 중요한 마케팅 개념이 왜곡되는 것은, 일부

---

1) https://ko.wikipedia.org/wiki/입소문_마케팅

사람들이 제품의 진정한 가치가 뒷받침되지 않은 상태에서 정보를 얼마나 퍼트릴 수 있는지에 대한 '기술Technic'로만 접근하기 때문이다. 온라인에서 '바이럴'이라는 키워드로 검색을 해보거나 관련 도서를 찾아보면, 대부분의 내용들은 어떻게 하면 블로그 순위를 상승시킬 수 있는지, 페이스북 페이지 '좋아요' 숫자를 늘릴 수 있는지에 대한 기술적인 내용들만 언급하고 있다.

['기술'에만 집중한 입소문 관련 글들의 대표적인 제목]

- 블로그 순위를 급상승시키는 ○○가지 방법
- 페이스북 페이지 '좋아요'를 높이는 ○○가지 팁
- 앱 순위를 획기적으로 상승시키는 ○○가지 노하우

이런 기술들이 전혀 의미가 없는 것은 아니다. 그로스 해킹적 관점에서 해석했을 때 이런 내용들에 언급된 기술들은 AARRR 분석 단계별 이탈율을 줄이고, 다음 단계로의 전환율을 높이는데 도움이 되는 것들이다. 문제는 이런 기술들을 아무리 적용한다고 하더라도 제품이 사용자들에게 진짜 가치를 주고 있지 못하면, 본질적으로 그 사업은 망가질 수밖에 없다. 하지만 이런 이야기 대부분은 제품의 본질보다는 '어떻게 퍼트리는지'에 대해서만 이야기하고 있다는 것이다.

이에 대한 좋은 사례가 비디(Viddy, www.viddy.com[2])라는 비

---

2) 2014년 12월 서비스 종료, Viddy, Once Touted As 'The Instagram For Video', Will Shut Down On December 15 https://techcrunch.com/2014/11/04/viddy-once-touted-as-the-instagram-for-video-will-shut-down-on-december-15/

디오 편집 앱이다. 이 제품은 비디오를 편집한 후 소셜미디어에 다시 올릴 수 있는 그런 앱이었는데, 제품 카테고리도 입소문을 불러일으키기 좋았지만 여러 가지 바이럴 기법을 잘 활용했기에 초반에 엄청난 '입소문 효과Virality'를 만들었다. 하지만 '잔존율 Retention'이 너무 낮았기 때문에, 즉 사용자들이 제품을 지속적으로 사용할 가치를 느끼지 못했기 때문에 급격한 성장 후 정점을 찍고는 금새 성장이 망가졌다.

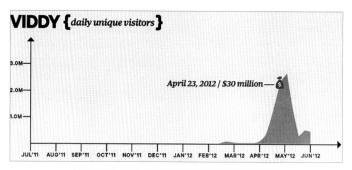

▲ 비디의 DAU 그래프[3]. 투자 시점 이후로 성장이 급격하게 무너진다

입소문 효과는 필연적으로 서비스 초기에 제일 좋았다가 점점 나빠진다. 사람들은 새로운 것을 소문내기 마련이다. 시간이 지날수록 사용자들은 이미 우리 서비스를 당연한 것으로 생각하게 되므로 더 이상 우리에 대해 이야기하지 않게 되며, 기존 사용자가 누군가에게 우리 서비스에 알리려고 해도 그 대상이 이미 우

---

3) Retention Is King http://jamiequint.com/retention-is-king/

리 서비스를 사용하고 있을 가능성이 점점 높아지기 때문이다. 그에 반해 사용자의 잔존율은 획득된 사용자 숫자에 지속적으로 영향을 미치므로, 결국 일정 시간이 지난 후 전체 사용자 수는 초창기보다 효율이 떨어진 입소문 효과보다 잔존율에 더 큰 영향을 받는다.[4]

이런 잘못된 입소문 마케팅이 국내에서 대표적으로 사용되고 있는 분야는 포털의 '블로그'나 '카페' 분야이다. 많은 업체들이 단기간에 블로그나 카페 방문자를 올려주겠다고 하는데, 이들이 하는 기법은 대체로 아래와 같다.

- 블로그 핵심 주제와 무관하게 현재 인기가 되는 키워드 (주로 연예 등 가십성 주제)에 관련된 글을 포스팅하고 포털 검색에 블로그가 계속 노출되도록 한다.
- 여러 가지 자동화 기법을 통해 서로 이웃 추가 등을 진행한다.
- 다른 블로그 포스팅에 우리 블로그 URL을 지속적으로 댓글 등으로 남긴다.

이런 기법들은 일시적으로 방문자들을 끌어 모아주는 것처럼 보인다. 하지만 우리가 블로그를 통해서 진짜 전달하고자 하는 주제와 관련성이 극히 적기 때문에, 비디의 사례처럼 성장은 어느 순간 무너질 수 밖에 없다. 연애 가십성 기사를 통해 우리 블로그를 방문한 사용자가, 우리 블로그에서 진짜 전달하고자 하는 어떤

---

4) 잔존율이 짱이다 (Retention is King) http://www.ingray.net/2014/06/12/번역-잔존율이-짱이다-retention-is-king/

정보로 접근하는 비율이 과연 얼마나 될까?

이런 문제들은 포털들의 콘텐츠 노출 전략과도 밀접한 관련이 있었는데, 포털 업체들도 이에 따른 문제를 인지하고 알고리즘을 수정하고 있는 상태다. 품질이 낮은 콘텐츠들이 포털 사용자들의 전체적인 사용 경험을 저해한다는 것을 인지하고 적극적으로 대응하기 시작한 것이다. 이로 인해서 앞으로는 더더욱 본질에 벗어난 '입소문 기술'은 힘을 잃어갈 것이다.

사용자가 우리 제품을 사용해보고 너무 마음에 들어서 주변 사람들에게 이야기하지 않고는 못 베길 만큼의 가치를 제공하는 것이 '입소문 마케팅'의 본질이자 선행 과제이며, '기술'들은 이 본질을 더 효율적으로 전달하는 수단일 뿐이라는 것을 반드시 이해해야 한다.[5]

아날로그 시대의 입소문 마케팅 사례 – 'Send-a-Dime' 체인 레터

디지털 시대가 도래하기 전 입소문 마케팅 사례로 가장 유명한 것은 1935년 미국에서 시작된 'Send-a-Dime'이라는 일종의 '행운의 편지' 우편물이었다.

---

5) "네이버 검색 개편, 최적화 블로그 공장 문 닫기 시작" http://www.bloter.net/
   archives/260102

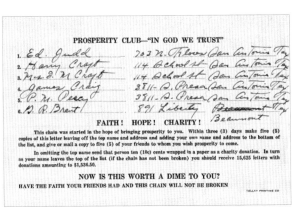

▲ Send-a-Dime 체인 레터

'행운 모임Prosperity Club'이라는 제목으로 시작하는 이 우편물은 1935년 봄 미국 콜라라도 주 덴버에서 시작해서 세인트루이스와 미국 전역으로 아주 빠르게 퍼졌다. 덴버 우체국은 4월 말까지 이 우편물을 165,000 통이나 다뤄야 했고, 세인트루이스에서는 5월달에 무려 두 배가 넘는 800,000 통의 동일한 우편물을 다뤄야 했다. 문제의 심각성을 인지한 우체국 당국이 이 우편물의 배송을 금지하기 전까지 불과 몇 주 만에 수백만 통이 미국에서 오간 것으로 알려졌으며, 전 세계적으로는 미국내 수치의 몇백 배에 해당하는 편지가 오고 갔을 것으로 추정된다.

이 우편물의 사용 방법은 간단하다.

1. 우편물을 받으면, 자기 이름을 제외한 나머지 다섯 명에게 각각 1 Dime (10센트 = 0.1달러)을 보낸다.

2. 가장 위에 있는 이름을 지우고, 제일 아래에 자신의 이름을 추가하여 5명의 친구에게 메일을 보낸다.

3. 우편물 연결 고리Chain가 끝나지 않는다면 메일을 보낸 사람은 15,625개의 Dime을 받게 되므로 총 1,562.50 달러를 받게 된다.

이 우편물의 동작 원리 이해하기 위해 좀 더 상세하게 뜯어보면 아래와 같다.

제안하는 가치 Value Proposition	목표가 완수되면 1526.5 달러를 받을 수 있음
행동 유도 Call to Action	3일 안에 5명의 사람들에게 우편물 전송
확장 인수 Branching Factor	5
전환율 Conversion	X
입소문 인수 Viral Factor	5 * X

따라서 이 우편물의 성장은 전환율 20%를 기준으로 수렴, 발산이 결정되게 된다.

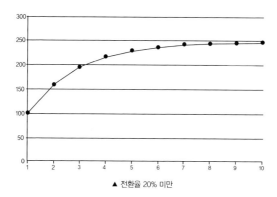

▲ 전환율 20% 미만

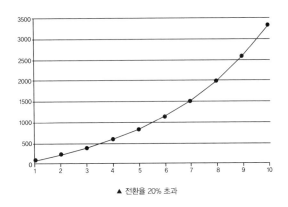

▲ 전환율 20% 초과

수백만 통 이상의 우편물이 오간 것을 생각해볼 때 전환율이 20%를 넘겼을 것이라는 것을 쉽게 짐작할 수 있다.

디지털 시대의 입소문 마케팅 사례 – 페이팔과 페이팔 마피아

앞서 디지털 시대 '그로스 해킹의 시초'였다고 언급한 '핫메일'도 훌륭한 입소문 마케팅 사례이지만, 가장 체계적이고 광범위하게 입소문 마케팅을 적용한 사례는 페이팔과 페이팔 출신들이 다시 만든 페이팔 마피아 기업들이다.

▲ 페이팔 마피아 – 페이팔 출신들이 다시 창업한 기업들[6]

아래 사진은 아주 초창기의 이베이(eBay, www.ebay.com) 상
품 정보 페이지다. 자세히 보면 하단에 페이팔 뱃지가 붙어있는
것을 볼 수 있다.

---

6) Infographic: The PayPal mafia: the visionary team that went on to build Silicon
Valley http://explica.co/paypal-mafia/

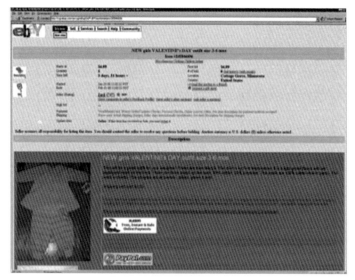

▲ 초창기 이베이 상품 정보 페이지

　당시 페이팔은 이렇게 점점 커지고 있는 온라인 전자상거래에서 사람들에게 편리하게 결제할 수 있는 수단을 제공하려고 했다. 온라인 전자상거래에서 판매자들은 동시에 구매자다. 페이팔은 판매자들이 자신들의 판매 페이지에 '페이팔 뱃지'를 붙이고, 이를 통해 사람들이 가입하면 5달러 내외의 돈을 주는 ―페이팔 계정 내에 실제로 예치되는 돈― 추천 프로그램Referral Program을 실행했다. 여기서 재미있는 것은, 페이팔이 만들었던 뱃지는 별도의 이베이 API를 활용하는 것이 아니라, 판매자가 자신의 상품 페이지에 붙일 수 있는 HTML 코드로 제공되었다는 사실이다.

흔히 API를 제공하는 '플랫폼'들은 이미 '플랫폼'으로서 지위가 확고하여 경쟁이 심한 경우가 많다. 그런데 앞서 채널 전략에서도 이야기 했던 것처럼 그로스 해킹 관점에서 중요한 것은 아직 사람들이 '채널'이라고 생각하지 못하고, 스스로도 플랫폼이라는 것을 인지하지 못한 어떤 서비스에 먼저 들어가서 최대한의 경쟁 우위를 점하는 것이다. 이베이는 아직 자신들이 그럼 플랫폼으로서의 힘을 가지고 있는지도 몰랐지만, 페이팔은 훌륭한 제품 자체의 가치와 이런 기술적인 부분이 뒷받침 된 추천 프로그램을 통해 하루에 무려 7 - 10%에 이르는 성장 곡선을 보여준다.[7]

다른 여러 기업들도 바이럴 마케팅의 중요성을 알고 있었지만, 페이팔은 이를 가장 조직적으로 수행한 거의 최초의 회사였다. 페이팔의 이런 노하우는 페이팔이 이베이에 인수된 후 그 창업자들이 다시 시작한 여러 회사에서 더 빛을 발하게 된다.

페이팔과 가장 유사한 형태의 전략을 수행하고, 스토리까지 유사한 회사는 유튜브(YouTube, www.youtube.com)다. 페이팔 출신들이 창업한 유튜브는 초창기부터 업로드된 비디오를 HTML로 다른 웹페이지에 공유할 수 있는 아주 쉬운 방법을 제공했다. 이를 통해 유튜브는 전세계의 거의 모든 개인 미디어와 블로그, 커뮤니티 서비스를 자신들의 사용자 획득 채널로 활용할 수 있게 되었다. 특히 당시에 많은 사용자를 보유하고 있던 마이스페이스

---

7) The Original #GrowthHackers: How PayPal Achieved 7-10% Daily Growth In The Early 2000s http://www.referralcandy.com/blog/paypal-referrals/

(Myspace, www.myspace.com)에 유튜브 비디오가 많이 공유되었는데, 이 전략이 너무 효과가 좋았던 나머지 마이스페이스는 유튜브 비디오 첨부를 여러 번 차단하기까지 했다.[8] 물론 그때마다 마이스페이스는 사용자들의 큰 반발에 부딪혔고, 차단을 해제할 수 밖에 없었다.

사실 페이팔도, 전자상거래에서 결제 시스템이 아주 중요한 가치를 가지게 될 것이라는 것을 뒤늦게 인지한 이베이가 독자적인 페이팔과 유사한 결제 서비스를 출시하면서 위기를 맞을 뻔했다. 하지만 사람들은 유튜브를 좋아했던 것처럼 이베이의 독자적인 결제 시스템보다 페이팔을 더 좋아했고, 결국 경쟁에서 진 이베이는 페이팔을 인수하게 된다. 여기서 다시 한 번 우리는 바이럴 마케팅에서 '제품의 본질적 가치'가 얼마나 중요한 선행 요소인지를 알 수 있다. 우리 제품을 소문내 주는 것도, 우리 제품이 큰 문제에 처했을 때 우리 제품을 옹호해 주는 것도 모두 우리 제품의 본질적 가치에 감동한 고객들이다.

유투브 외에도 페이팔 마피아 기업들은 다양한 형태의, '시스템으로 뒷받침 되는' 바이럴 마케팅 전략을 성공적으로 수행했다.

---

8) MySpace blocks YouTube – again http://money.cnn.com/blogs/browser/2006/07/myspace-blocks-youtube-again.html
9) 20010년 구글 인수 후 서비스 종료 Google Buys Slide for $182 Million, Getting More Serious about Social Games https://techcrunch.com/2010/08/04/google-buys-slide-for-182-million-getting-more-serious-about-social-games/

옐프 Yelp, www.yelp.com	검색 엔진 최적화
슬라이드 Slide, www.slide.com[9]	페이스북 앱
야머 Yammer, www.yammer.com	기업 이메일 주소
링크드인 LinkedIn www.linkedin.com	이메일 주소록
유투브 YouTube www.youtube.com	마이스페이스 공유

페이팔 마피아 기업들이 수십억 달러 이상의 가치를 가지는 기업으로 성장한 것은 그들이 서로를 끌어준 것도 있지만, 커다란 다른 채널을 통해 바이럴 마케팅을 수행하는 그들 만의 노하우가 큰 역할을 한 것임을 부정하기는 어려울 것이다.

디지털 시대의 입소문 마케팅 이해하기

입소문 마케팅은 디지털 시대에 와서 아날로그 시대와는 비교할 수 없을 만큼 더 큰 영향력을 행사할 수 있게 되었지만, 동시에 이전과 다른 몇 가지 특성을 가지게 되었다.

1. 네트워크 가치 제안 : 사람들이 다른 사람들에게 우리 제품을 전달해야 하는 분명한 가치를 주어야 한다. 결국 '제품의 본질' 과 다시 이어지는 이야기인데 '대화/사진/영상/결제' 같이 누군가와 사람들이 함께 쓸 때, 그 가치가 발생하는 제품군이면 네트워크 가치는 극대화 될 수 있다.

2. 채널 전달율 : 이메일이나 문자 메시지 등은 스팸 필터나 기업 내부망 정책 등으로 100% 전달되지 않는다. 오프라인 시대의 '우편물'은 거의 100%에 가까운 전달율을 보일 수 있었던 것

과는 큰 대비가 되는 요소이다.

3. 전달 빈도 : 이메일과 페이스북를 비교해 보자. 대중들은 일반 적으로 페이스북에 더 자주 접속한다. 더 자주 접속할수록 바 이럴 활동이 일어날 기회가 늘어나기 때문에 자주 접속하는 제 품일수록 바이럴 마케팅이 더 효율적이다.[10]

4. 채널 전환율 : 전달된다고 해서 모든 사람들이 그 바이럴 메시지 를 읽어보는 것은 아니다. 특히 요즘에는 이런 바이럴 기법들이 넘쳐나고 있기 때문에, 채널에서 이야기 했던 것처럼 사람들은 자극에 둔감해졌고 전환율도 초창기에 비해서 크게 떨어졌다.

5. 전달 속도 : 슬라이드쉐어(SlideShare,www.slideshare.net) 와 유튜브를 비교해 보자. 슬라이드쉐어의 문서 콘텐츠를 소비하 는 속도보다, 유튜브의 영상 콘텐츠를 소비하는 속도가 더 빠 르다. 문서는 저장해 두고 나중에 본다고 생각할 수도 있지만, 유튜브 영상의 경우 거의 확인한 즉시 소비하게 된다. 콘텐츠 소비가 완료되어야 그 사용자가 다시 그 정보를 소문낼지 말지 결정할 수 있기 때문에, 콘텐츠 소비 시간이 길어지면 길어질 수록 입소문 단계는 '정체'되었다고 생각할 수 있다. 당연히 소 비가 빠른 콘텐츠가 입소문도 빠르다.

6. 최종 전환율 (= 활성화 비율) : 메시지를 확인하더라도 최종적 으로 우리 제품의 사용자가 되지는 않는다. 최종적으로 활성화

---

10) 성장 모델에서도 언급되었던 내용

되는 사용자들은 비율은 AARRR 분석의 활성화 단계 평균이 적용될 것이다.

7. 복합성 : 단 하나의 기능이 모든 입소문 마케팅을 책임질 수는 없다. 유투브만 하더라도 상세 페이지로 유입되는 사용자들의 경로는 검색엔진을 통한 검색 유입, 링크 직접 공유, 다른 웹사이트에 붙여진 비디오를 통한 유입 등 아주 다양하다.

이런 디지털 시대에서 발생하는 '입소문 마케팅'의 특성을 이해한 후, 아래에서 다룰 입소문 마케팅의 실행 전략들을 살펴봐야 한다. 그 다음 비로소 좀 더 넓은 관점에서 우리 제품의 '입소문 마케팅'을 이해할 수 있다.

입소문 마케팅 실행 전략과 순환 고리

제품의 가장 기본적인 가치가 충족된다면, 자연스럽게 입소문은 발생하기 시작한다. 이렇게 시작된 입소문을 한 번의 단기적인 이벤트가 아니라 꾸준히 우리의 성장을 견인하는 동력으로 만들기 위해서는 순환 고리를 만들어야 한다. 하나의 사용자가 새로운 사용자를 데려오고 그 새로운 사용자가 또 다른 사용자를 데려오고, 이렇게 순환이 무한히 – 즉, 시장 한계까지 – 계속되는 것이 순환 고리의 핵심이다. 앞서 성장 모델에서 언급했던 것처럼, 이런 순환 고리를 만들게 되면, 최종 사용자 수는 '무한등비급수의 합'이 되므로 입소문에 의해 얻게 되는 새로운 비율이 조금만 개선되더라도 전체 사용자수는 훨씬 더 크게 증가되는 효과를 거둘 수 있다.

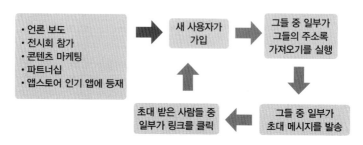

▲ 모든 성장은 순환형

입소문의 '순환 고리'를 만들기 위한 몇 가지 전략들을 생각해보자.

1. 선형적인 사용자 획득 채널을 채널을 순환형 바이럴 채널로 전환 : 어떤 채널의 입소문을 통해서 새로운 사용자를 확보했을 때, 그 새로운 사용자들이 또 입소문을 낼 수 있는 방법을 제공해야 한다. 예를 들어 동영상이 어떤 웹페이지에 첨부되어 새로운 사용자들에게 노출이 되었을 때, 그 동영상이 모두 재생된 후 해당 동영상과 유사한 다른 동영상 목록과 함께 손쉽게 다른 사이트에 공유할 수 있는 버튼을 보여주는 유튜브의 기능이 이에 해당한다.

▲ 유투브 영상 재생이 끝나면 나타나는 공유 기능

2. 도구로 시작해서 네트워크로 확장 : 사람들이 어떤 상황에서 느끼는 개인적인 필요성을 충족시켜 주기 위해 시작한 도구들이 있다. 이런 도구들은 흔히 검색이나 지인의 추천을 통해서 접하게 되고 개인적인 상황에서 몇 번 사용된 후 그 목적이 완료되면 더 이상 사용하지 않게 되는 경우가 보통이다. 하지만 이런 도구적인 사용 목적을 그런 도구를 사용하는 목적을 가진 사람들끼리의 네트워크로 묶을 수가 있다면, 이는 아주 커다란 순환고리로 이어질 수 있다. 대표적인 사례가 인스타그램 (Instagram, www.instagram.com)이다. 인스타그램은 사진 필터 기능 위주로 시작된 앱이었다. 소셜 기능도 있었지만, 가장 핵심적인 가치로 내세운 것은 '이런 멋진 사진을 누구나 무료로 만들 수 있습니다.[11]'였다. 스스로도 충분히 큰 소셜 미디어가 되었고, 사용자들도 사진을 업로드하는 목적보다 사진을 보는 목적으로 접속하는 빈도가 더 많아진 지금은 이런 메시지는 '가입하고 친구들의 사진과 비디오를 확인하세요. Sign up to see photos and videos from your friends.' 같이 좀 더 '네트워크'의 가치를 강조하는 문장으로 바뀌었다.

3. 이미 존재하는 네트워크를 좀 더 쉽게 활용 수 있는 방법 제공 : 회사 내의 메시지 시스템이나, 제한된 집단들을 위한 커뮤니티 소프트웨어처럼 친구들을 초대해서 사용해야 하는 제품들

---

11) 초창기 페이스북이나 트위터에 공유된 인스타그램 사진을 눌러서 들어가면 나오는 상세 페이지등에 노출되던 문구

이 있다. 이 종류의 제품들은 필연적으로 제품 가입 초창기에 주변 지인들을 초대할 수 있는 기능을 제공해야 한다. 이 때 초대하는 방법을 최대한 쉽게 만들어 줄수록, 초대장이 발송되는 숫자가 늘어나므로 (=확장 인수가 증가), 순환고리는 점점 더 공고해진다. 예를 들어 이메일을 직접 입력해서 초대한다면, 한 사람이 일일이 입력할 수 있는 이메일의 수는 많아야 10개를 넘기 힘들다. 하지만 주소록을 가져와서 통째로 초대 메일을 보낼 수 있는 방법을 제공한다면, 초대장 발생 수는 200통 이상이 될 수도 있다. 이 전략은 슬랙(Slack, www.slack.com)이나 야머 같이 B2B 성격을 가진 제품이 가장 적합하며, 페이스북 초창기의 대학생 네트워크처럼 명확히 타겟팅된 사용자 집단을 대상으로 하는 서비스에도 적합하다.

마지막으로 이런 순환 고리를 더욱 공고히할 수 있는 몇 가지 창의적인 기술적 아이디어들을 생각해보자.

1. 웹사이트, 블로그 위젯 : 페이스북에서 제공하는 'Like us at Facebook' 같은 버튼이 대표적이다. 개인 홈페이지나, 웹사이트를 붙일 수 있는 이런 간단한 '위젯'은 새로운 사용자를 획득할 수 있는 아주 좋은 아이디어다.

2. 문서/파일/인보이스 전송 시의 바이럴 메시지 : 앞선 핫메일

사례에서 나왔던, 이메일 서명 하단에 '당신만의 무료 이메일 주소를 만드세요' 같은 메시지가 삽입하는 것과 유사한 아이디어다. 전송된 파일을 확인하는 페이지에서 자신들의 제품의 가치를 홍보하는 '드랍박스'도 좋은 사례다.

3. 추천인 코드 제공 : 친구들에게 공유하고 그 공유된 코드를 통해 사람들이 가입할 경우, 내가 일정 수준의 보상을 받는 기능적인 로열티 프로그램이다. 구축하는데 다소 비용이 들어가지만, 훌륭한 기술적 수단이 될 수 있다. 다만 이런 아이디어를 구현할 때는, 우리가 한 명의 고객을 획득할 때 얼마까지 쓸 수 있는지(고객 획득 비용, Customer Acquisition Cost[12])에 대한 명확한 기준이 있어야 한다.

4. 검색되지 않던 콘텐츠를 검색 가능하게 변환 : 슬라이드쉐어나 스크립(Scribd, www.scribd.com) 등의 문서 공유 서비스는 파워포인트 문서나, PDF 문서를 올리면 모든 텍스트를 검색 엔진이 검색 가능한 형태로 변환한다. 당연히 점점 더 많은 문서가 업로드될수록 검색을 통한 유입이 점점 더 늘어나게 된다. 이렇게 기존에 웹상에서 잘 검색이 되지 않던 어떤 콘텐츠들을 잘 검색되도록 변환하여 제공하는 것도 아주 좋은 전략이다.

---

12) 유료마케팅

마무리 – 바이럴 마케팅의 이상과 현실

이번 장에서 언급한 바이럴 마케팅 모델은 실제로 굉장히 '단순화'된 형태다. 입소문은 실제로 훨씬 더 복잡한 모델로 움직인다. 예를 들어 유료 광고를 통해서 들어온 사용자가 주변 지인들에게 소문을 낼 경우 이것은 위에서 언급된 바이럴 루프만으로 표현하기는 어렵다. 이번 장의 목적은 바이럴 마케팅을 완벽하게 이론적으로 정리하는게 아니라, 그 특성을 이해하고 복잡하게 얽혀 있는 실무 작업에서 항상 이를 염두해둔 의사 결정을 내리고 제품 개발을 진행할 수 있게 하는 것이다.

또한 입소문 인수가 0.5를 넘어가는 경우는 극히 예외적인 상황이다. 그렇기 때문에 더더욱 입소문 전략은 유료 마케팅 등과의 결합을 통해서 상호간의 상승 작용을 일으키는 것이 목표가 되어야 한다.

콘텐츠 루프나 바이럴 루프 같은 유기적 성장Organic Growth과 결합 되었을 때 그 효과가 극대화되는 유료 마케팅은 다음 장에서 알아보자.

CHAPTER 07
유료 마케팅

디지털 마케팅에서 실무적으로 적지 않은 부분을 차지하는 것이 배너, 키워드, 비디오 등을 활용한 각종 유료 광고다. 하지만 이 책에서 이 주제를 가장 마지막에 다루는 것은, 그로스 해킹 관점에서 유료 마케팅은 콘텐츠나 입소문 모델을 활용한 유기적 성장을 돕는 수단이 되어야 하기 때문이다. 또한 유료 마케팅은 처음 시작된 후에도 반드시, 전략적으로 확대되어야 한다. 이번 장에서는 이에 대한 자세한 이야기를 나누어 보려고 한다

양날의 검, 유료 마케팅

미국 프로 풋볼리그National Football League, NFL 결승전인 '슈퍼볼Super Bowl'은 전세계에서 가장 비싼 광고비가 책정되는 TV 프로그램으로 글로벌 기업들의 광고 각축전이 벌어진다.

슈퍼볼의 주 광고주들은 코카콜라나, 현대자동차, LG전자 같은 전통 소비재 산업 기업들이지만, 때때로 인터넷/소프트웨어 분야 기업들의 광고도 집행된다. 그 대표적인 사례로 펫츠닷컴과 클래시오브클랜즈를 살펴보자.

LA타임스는 시장조사기관 '칸타르 미디어'를 인용해 슈퍼볼 광고 총액이 2010년 2억500만 달러(한화 약 2457억원)에서 지난해 3억4700만 달러(약 4159억원)로 올랐다고 전했다.

올해는 3억 7700만 달러(약 4518억 3000만원)로 예상된다. 30초 분량의 TV 중계 광고 단가는 최고 500만 달러(약 60억원)로 나타났다. 1초에 2억원인 셈이다. 제50회 슈퍼볼 주관 방송사인 CBS로 지난해 5월 이미 슈퍼볼 광고 시간을 모두 판매했다.

— 글로벌 기업들이 美 '슈퍼볼' 광고에 돈을 아끼지 않는 이유는 (조선일보, 2016.02.08 14:04)

1. 펫츠닷컴 www.pets.com[1]

펫츠닷컴은 1998년 인터넷 버블 시기에 설립된 애완동물 용품 쇼핑몰이었다. 도메인이 아주 중요한 자산인 인터넷 사업에서, pets.com이라는 도메인을 가지고 있었던 것은 엄청난 경쟁 우위를 가지고 있다. 그렇기에 당시의 여러 시대적 상황상 많은 투자도 받았지만 이 회사는 2000년 11월 문을 닫게 된다. 오래 전에 문을 닫은 이 회사가 아직도 유료 마케팅 사례에서 주목을 받는 이유는 아주 공격적이었던 유료 마케팅 때문이다. 그 중에서도 가장 유명한 것은 2000년 슈퍼볼 광고에 쏟아 부었던 광고 캠페인이다.

---

1) 현재는 또 다른 애완동물 서비스로 연결

▲ 슈퍼볼 광고 당시의 마스코트[2]

펫츠닷컴은 2000년 2월 나스닥 상장 전에 미국 전역을 대상으로 한 슈퍼볼 광고를 내보냈고, 이 약 30초짜리 광고를 위해 무려 120만 달러를 사용했다. 펫츠닷컴은 이 외에도 다양한 유료 마케팅 채널에 아낌없이 투자금을 쏟아 부었지만, 결과적으로 실패하고 문을 닫았다.

2. 클래시오브클랜즈 www.clashofclans.com

2016년 현재 전세계에서 가장 많은 매출을 기록하는 모바일 게임 회사인 슈퍼셀의 대표작인 클래시오브클랜즈도 2015년 슈퍼볼에 광고를 했다.

헐리우드의 유명 배우 리암 리슨이 그의 흥행 작품 중 하나인 '테이큰'의 대사를 패러디한 이 광고는 슈퍼볼 TV 광고 외에도 유

---

2) 광고 영상 : SUPER BOWL 1999 2000: Crazy puppets / Pets.com : https://youtu.be/d6WdI_l0tCk

튜브나 페이스북 등의 동영상 채널을 통해서 전세계적으로 공개되었다.

▲ 클래시오브클랜즈의 슈퍼볼 광고 화면[3]

이 광고가 클래시오브클랜즈의 성장과 매출에 어떤 영향을 주었을지를 정확히 측정하는 것은 아주 어려운 일이기 때문에, 이 광고 캠페인의 성공, 실패를 외부에서 판단하는 것도 쉬운 일은 아니다. 하지만 클래시오브클랜즈가 이후에도 계속 모바일 게임 상위권을 기록했고, 이 게임을 만든 회사인 슈퍼셀이 2016년 여름 약 100억 달러 가치에 텐센트에 인수[4]된 것을 비춰볼 때 이 광고 캠페인은 분명 성공적이었다는 판단을 내릴 수 있다.

3) Clash of Clans: Revenge (Official Super Bowl TV Commercial) https://www.youtube.com/watch?v=GC2qk2X3fKA
4) Tencent Seals Deal to Buy 'Clash of Clans' Developer Supercell for $8.6 Billion http://www.wsj.com/articles/tencent-agrees-to-acquire-clash-of-clans-maker-supercell-1466493612

슈퍼셀은 한국 시장에 클래시오브클랜즈를 런칭할 때도 지하철 및 오프라인 옥외 광고를 적극적으로 활용했는데, 결과적으로 국내 모바일 게임 분야에서 오랫동안 상위권에 랭크 됨으로써 성공적인 캠페인이었다는 것을 증명하고 있다.

소프트웨어/인터넷 회사로서는 드물게 슈퍼볼에 광고할 정도로 공격적인 유료 마케팅 전략을 보였던 두 회사 중 하나는 실패하고, 하나는 성공했다. 왜 이런 일이 벌어지는지, 유료 마케팅을 좀 더 깊게 들여다보자.

유료 마케팅 특성 이해하기

유료 마케팅의 특성을 깊게 살펴보기 위해 온라인과 오프라인 마케팅 캠페인을 AAARRR 분석 기법의 깔때기Funnel 관점에서 살펴보려고 한다.

먼저 온라인 캠페인의 예시다.

깔때기 단계	다음 단계로의 전환율
노출	1,000,000
클릭	2%
추적 링크	100%
앱 마켓 랜딩 페이지	90%
다운로드	20%
앱 실행	80%
회원 가입	50%
주간 잔존 사용자	20%

우리 서비스에 최종적으로 의미가 있는 것은 주간 잔존 사용자[5]이다. 1백만명에게 노출이 되어도 우리가 얻게 되는 것은 주간 잔존 사용자 288명뿐이다. 하지만 많은 경우에 우리는 노출 또는 클릭율 정도만의 데이터를 가지고 유료 광고 집행 여부를 결정하게 된다.

다음은 오프라인 캠페인의 예시다.

깔때기 단계	다음 단계로의 전환율
노출	1,000,000
흥미 유발	0.50%
링크 기억	10%
컴퓨터/스마트폰 실행	20%
키워드 타이핑 성공	80%
추적 링크	100%
앱 마켓 랜딩 페이지	90%
다운로드	20%
앱 실행	80%
회원 가입	50%
주간 잔존 사용자	70%

오프라인 캠페인의 경우 온라인보다 몇가지 단계가 더 추가된다. 아래는 피키캐스트(pikicast, www.pikicast.com)의 오프라인 광고다.

---

5) 각 서비스가 제공하는 가치에 따라 DAU, WAU, MAU 등을 다르게 써야 하지만, 그런 특성을 고려하지 않고 가장 평균적으로 사용할 수 있는 지표를 꼽을 경우 WAU 가 가장 적절함

▲ 피티캐스트의 오프라인 버스 광고

사람들이 이 광고를 접한 후 겪을 수 있는 상황을 생각해 보자.

- 버스 정류장에서 광고를 봄 → 흥미 유발 → 다운로드를 받으려고 (=검색을 하려고) 스마트폰을 찾음 → 내가 타야 할 버스 도착 → 버스 승차를 위해 지갑 찾음 → 승차 완료 → 승차 전 광고를 기억하고 스마트폰 다시 찾음 → 잠금 화면에 카카오톡 메시지 도착 → 카카오톡 확인 → (…)

이런 광고 외부적 요인으로 인한 주의 분산 때문에 흥미 유발부터, 키워드 타이핑 성공까지의 단계가 추가된다. 위와 같은 상황이 벌어질 경우 1백만 명에게 노출이 되어도 우리가 얻게 되는 것은 주간 잔존 사용자 4명이다.

온라인, 오프라인 할 것 없이 광고 노출수와 주간 잔존 사용자 수의 큰 차이가 챙기는 것은 유료 마케팅의 '고유한 특성'이다. 우리는 각 단계의 이탈율을 줄이는 최적화를 진행할 수는 있지만, 이 특성 자체를 바꾸기는 어렵다. 이런 특성을 인지했다면 어떻게 접근하는 것이 좋을까? 광고 노출수와 주간 잔존 사용자의 차이로 인해 '문제'가 발생하는 것은, 우리가 이런 차이를 전혀 인지하지 못했거나 그 차이가 우리의 예상보다 너무 큰 경우다.

바로 이 때문에 그로스 해킹 관점에서 유료 마케팅은 유기적 성장이 이루어지는 단계에서, 유기적 성장을 돕기 위한 도구로 시작되어야 한다. 위 온라인, 오프라인 캠페인 모두에서 추적 링크부터 주간 잔존 사용자 비율까지의 이탈율은, 유료 마케팅이 없는 상황의 깔때기 분석에서도 도출이 가능한 수치들이다. 온라인 마케팅에서의 노출수나 클릭률, 오프라인 마케팅에서의 노출수부터 키워드 타이핑 단계까지는 대략적으로 광고 채널에서 제공할 수 있다. 따라서 유료 마케팅이 실행되기 전에 깔때기 분석이 제대로 되어 있다면 실제 목표와 결과의 차이를 크게 줄일 수 있다.

깔때기 분석에 대한 데이터가 있다면 이를 기반으로 우리가 목표로 해야 하는 주간 잔존 사용자로부터 역산Reverse Calculation을 진행한다.

1. 최종적으로 이번 캠페인에서 우리가 얻어야 하는 주간 잔존 사용자 수를 계산

2. 이를 위해서 어떤 유료 마케팅 채널에 얼마나 노출이 필요한지 계산

3. 노출에 필요한 예산과 주간 잔존 사용자 수를 통해 얻을 수 있는 기대 수익을 비교하여, 해당 유료 마케팅 채널에 대한 광고 집행 여부 실제 결정[6)]

Funnel 단계	다음 단계로의 전환율
노출	1,000,000
클릭	2%
추적 링크	100%
앱 마켓 랜딩 페이지	90%
다운로드	20%
앱 실행	80%
회원 가입	50%
주간 잔존 사용자	20%

전체 예산과 노출을 통해서 얻게 되는 주간 잔존 사용자 수로 나누게 되면 고객 1명당 획득 비용Customer Acquisition Cost, CAC을 알 수 있다. 고객 1명이 평생 우리에게 가져다 주는 고객 평생 가치 Customer Lifetime, LTV를 알고 있다면, LTV 〉 CAC 인 채널은 계속 사용할 가치가 있다. 이에 대해서는 이번 장의 뒤에서 더 살펴보도록 하자.

---

6) 앞서 언급된 내용이지만, 주간 잔존사용자는 가장 평균적으로 사용될 수 있는 수치라서 사용되고 있는 것. 만약 우리 제품에 일간 사용자나, 월간 사용자가 더 맞는 지표라면, 해당 지표를 사용해야 함.

그로스 해킹 측면의 유료 마케팅 실행 전략

유료 마케팅 실행 전략을 제대로 세우기 위해서는 크게 세 가지 항목 대한 이해가 필요하다.

1	**광고 채널**	오프라인과 온라인, 데스크탑과 모바일 채널별 고유한 Funnel 특성 채널 규모와 성숙도
	광고 타겟	광고 타겟 지역 인구통계학적, 기술적, 성향적 타겟 집단 선행 정보 활용 타겟팅 (Retargeting, Reengagement)
2	**메시지**	광고 형태 광고 메시지 행동 유도 (Call to action) 방식
3	**측정**	고객 평생 가치 고객 획득 비용 측정 시스템

이 항목들을 하나씩 살펴보도록 하자.

1. 광고 채널과 광고 타겟

가장 먼저 살펴볼 것은 광고 채널과 광고 타겟이다. 이후에 나오는 메시지나, 측정 모두 채널과 타겟에 종속적일 수밖에 없기 때문에 사실상 유료 마케팅에서 가장 중요한 의사 결정이 발생하는 부분이다. 그로스 해킹적 관점에서 광고 채널과 타겟을 아래와 같이 생각해볼 수 있다.

- 타겟팅 기준 : Funnel 관점에서 타겟팅이 수준에 대한 기준
- 볼륨 기준 : 한 번에 도달할 수 있는 광고 대상자 수에 따른 기준

이를 표로 표현하면 아래와 같다.

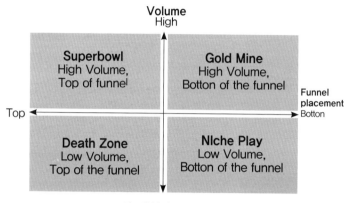

▲ 광고 채널과 광고 타겟에 대한 분류

먼저, 슈퍼볼Superbowl에 해당하는 것은 페이스북 광고나 TV 광고들이다. 여기에 해당하는 광고들은 광고주들이 하고자 하면 단기간에 수억 명 이상의 인구들에게 노출될 수 있다. 하지만, 기본적인 지역이나 인구통계학적 타겟팅, 관심사 기반의 타겟팅 이상의 정밀한 고객 타겟팅은 어렵다. 이 영역은 대중적인 상품의 다수의 사용자를 확보하려고 하는 프로모션이나, 브랜드 광고 등에서 좋은 효율을 보여준다.

금광Gold Mind에 해당하는 것은 구글 애드워즈 같은 검색 기반 광고들이다. 고객들이 검색한 키워드에 관련된 광고나, 현재 보고 있는 웹페이지와 가상 유사도가 높은 광고를 보여줌으로써, 고객들이 현재 가장 관심 있는 정보에 대한 정교한 타겟팅을 가능하게 해준다. 대규모의 사용자를 대상으로 아주 효율 높은 광고를 집행할 수도 있지만, 그만큼 경쟁도 격화된 상황이라 산업군에 따라 광고 단가가 아주 높게 책정되어 있다. 따라서 최적화 작업을 잘하지 않으면 전체 예산의 집행 효율이 아주 떨어질 수밖에 없다. 아주 대중적인 상품부터 특정 고객층을 공략하는 B2B 제품 마케팅까지 폭넓게 사용될 수 있다.

틈새 시장Niche Play은 탭조이 같은 앱 내 연관 광고가 대표적이다. 위 두 채널에 비해서 상대적으로 접근할 수 있는 최대 고객 수는 적다. 하지만 유사한 게임이나 앱을 하는 사용자들에게 관련된 광고를 보여주므로 타겟팅은 상대적으로 잘 되어 있다. 넓은 의미에서 유사한 웹사이트 간의 배너 교환도 이에 해당한다고 볼 수 있다. 타겟팅이 분명한 게임이나 앱의 초창기 마케팅에 효율적이며, 추후 대규모 마케팅을 진행할 때도 병행 사용이 가능한 채널이다.

버려진 땅Death Zone은 일간지나 월간지 광고, 특정 장소의 오프라인 광고 등이다. 오프라인 광고에 비해서 타겟팅이나 성과 측정에서 장점을 보유한 온라인 광고가 점점 더 많은 소비자들을 대상으로 광고를 할 수 있게 되면서, 오프라인 광고는 점점 버려진 땅이 되고 있다. 대표적인 고가 패션 브랜드 중 하나인 샤넬은 2016년 국내 오프라인 잡지에 광고를 하지 않겠다고 방침을 정했을 정도다.[7] 하지만 동시에 이를 기회로 삼을 수도 있다. 광고주들의 수가 줄어든다는 것은 광고 단가가 하락한다는 의미이므로, 전략적으로 선택할 경우 좋은 효과를 거둘 수도 있다. 이것의 좋은 사례로 실리콘밸리의 버스 정류장 광고를 생각해볼 수 있다. 이런 버스 정류장에서는 전체 인구 대미 아주 소수의 사람들만 사용할 것 같은 '개발자용 소프트웨어 도구' 광고를 심심치 않게 볼 수 있는데, 해당 지역에서 통근하는 사람 대부분이 이 광고의 잠재적인 고객들이라는 것을 생각해보면 충분히 시도해볼 만한 광고 캠페인이 될 수 있다.

국내에서도 많은 IT 직군 종사자들이 출퇴근길에 이용하는 수도권 지하철인 '신분당선'에서 'IT 업계 사람들만 관심 있을 것 같은' 광고들이 있는데, 이 역시 충분히 의미있는 시도라고 볼 수 있다.

---

7) [분수대] 샤넬의 고민 (중앙일보, 2016.07.13) http://news.joins.com/article/20383006

▲ 판교 방면 신분당선의 VR/AR 광고

2. 메시지

두 번째로 살펴보는 것은 메시지다. '메시지'에서 중요한 것은 너무도 당연하게도 '명확한 전달성'이다. 경우에 따라 '티저 광고' 같은 전략이 통할 때도 있지만, 기본적으로 모든 광고 메시지는 명확해야 한다.

훌륭한 메시지의 몇가지 원칙은 아래와 같다.

- 명확한 가치를 제시할 것 : 소비자들이 한눈에 알아볼 수 있을 만큼 쉬운 단어로 명확하게 표현되는 메시지여야 한다.
- 명확한 행동을 요구할 것 : '지금 다운로드 하세요' 같이 그 광고를 본 사용자가 하기를 바라는 명확한 행동을 알려줘야 한다.
- Funnel 일관성 : 사용자가 Funnel 을 겪어가면서 접하게 되는 모든 메시지에 앞서 사용자들이 접한 명확한 가치가 유지되어야 한다. '무료 정보 제공' 이라는 메시지를 보고 제품을 처음 접한 사용자가 회원 가입 단계 등에서 '프리미엄' 같은 메시지를 보게 되면 혼란에 빠지고 빠져나갈 가능성이 높아진다. 전략적으로 몇 가지 구분되는 사용자 집단에게 구분된 메시지를 광고하고 있다면, 그 메시지에 따라 랜딩 페이지나 회원 가입 화면을 별도로 준비하는 것도 고려할 수 있는 방법이다.

3. 측정

너무 당연하게도, 우리는 측정하고 있지 않은 것을 개선할 수는 없다. 근래에는 구글 어낼리틱스부터, 페이스북 픽셀Facebook pixel[8])까지 광고 효율을 쉽게 측정할 수 있는 너무나도 좋은 도구들이 많이 있다. 제품이 사용자들을 만나는 첫 번째 날부터 이런

---

8) https://www.facebook.com/business/a/facebook-pixel

측정 도구들을 활용해 성과를 측정해야 한다.

아래는 유료 마케팅에서 최종적으로 얻고자 하는 것은 사용자 획득 비용CAC와 사용자 평생 가치LTV에 대한 결과다. 고객 획득 비용은 전체 예산을 최종적으로 우리가 획득한 사용자 수로 나눔으로써 손쉽게 계산할 수 있다.

- 1,000,000 노출
- $ 3.00 CPM
- 1% CTR[9]
- 10% email 구독자 전환율
  → 1,000 의 새로운 이메일 구독자
  → 1,000,000 x (3/1,000) × 0.01 × 0.1 = 3

이 경우 3,000 달러를 집행하여 1,000 개의 이메일을 획득했으므로 고객 획득 비용은 3 달러다.

고객 평생 가치는, 정확하게는, 아래와 같이 도출할 수 있다.

$$LTV = \sum_{X=1}^{n} \frac{ARPU_x - Costs_x}{(1+WACC)^x} - SAC$$

- ARPU (Average Revenue per User, 인당 평균 매출) : 정해진 기간에 고객 1명당 평균적으로 발생하는 매출

---

9) Click Trough Rate, 클릭율

- Costs (고객 비용) : 정해진 기간에 고객 1명을 유지하는데 들어가는 모든 비용, 고객 센터를 통한 고객 응대 비용이나 반송 비용 등을 모두 포함
- WACC (Weighted Average Cost of Capital, 자본의 이동 평균 비용) : 간단히 이야기해서 '자본의 현재 가치'에 대응하는 개념
- N : 기간

복잡해 보이는 수식이지만, 더 간단하게 구할 수도 있다. 자본의 이동 평균 비용 등은 수년에 걸쳤을 때 의미가 있다. 하지만 대부분의 경우 우리가 광고 효율을 측정하는 단위는 분기 또는 연간이므로, 제품 개발을 하는 입장에서는 간단히 1년 정도를 기간으로 잡고 자본의 이동 평균 요소를 무시할 수 있다. 이 항목을 제외할 경우, 1년 동안 고객이 발생시키는 매출에서 그 고객을 유지하는데 들어가는 비용을 빼서 그 해를 기준으로 하는 고객 평생 가치를 구할 수가 있다.

당연하게도 이렇게 구해진 LTV 〉CAC 면 우리는 맞는 방향으로 가고 있는 것이며, LTV를 높이고 CAC를 줄이는 방향으로 측정과 개선을 계속해 나가면 된다.

여기서 우리는 잠시 간접광고Product PLacement, PPL, 전시, 이벤트, 대중 캠페인 같이 직접적으로 사용자들에게 어떤 행동을 요구하지는 않지만, '제품이나 브랜드 인지도'를 높이는 BTLBelow The

Line 계열 광고에 대해서 생각해볼 필요가 있다.

지금까지 이야기 해왔던 것에 따르면 BTL 광고는 극히 비효율적인 방법처럼 보일 수 있다. 하지만 분명 성과가 있기 때문에 계속 존재하는 전략일 것이므로, 이런 방식 광고의 효과를 한 번 짚고 넘어가야 한다.

우리가 BTL 광고를 진행하는 이유는, 브랜드 인지도 제고를 통해 인해서 CAC 가 점점 낮아지는 효과를 거둘 수 있기 때문이다. 예를 들어 동일한 커피 판매 광고를 진행하는 경우 같은 광고 메시지를 보여주고 있다고 하더라도, 광고 주체가 강력한 브랜드를 가진 '스타벅스'일 때와 처음 보는 신생 커피 브랜드일 때 광고에 대해서 반응하는 비율이 달라질 것이다.

직접적인 예로, 애플(Apple, www.apple.com)의 브랜드에는 '스티브 잡스Steve Jobs'라는 불세출의 창업자가 가진 이야기들이 녹아 있고, 이는 사람들에게 '애플에서 하는 것은 달라보이는 효과'를 부여한다. 애플이라는 브랜드 입장에서는 '스티브 잡스'에 관련된 모든 것들이 또 하나의 BTL 광고가 되는 것이다.

▲ 애플의 브랜드는 '스티브 잡스'라는 개인의 정체성에 크게 연관되어 있다

동시에 이런 맥락에서, BTL 광고는 회사의 유기적 성장이 시작된 후 진행해야 한다는 너무나도 당연한 사실을 확인할 수 있다. BTL 광고는 회사 매출에 당장 영향을 주기도 어렵고, 그 측정도 용이하지 않기 때문이다.

유료 마케팅의 3가지 원칙

1) 유료 마케팅은 유기적 성장이 시작된 후에 진행해야 한다. 유료 마케팅 효과를 예측할 수 있는 Funnel 데이터가 이미 준비되어 있어야 한다.

2) 유료 마케팅을 진행할 때는 소수의 채널부터 적은 예산으로 시작해서 천천히 확장해야 한다. 많은 전문가들의 경험적 따르면, 한 번에 5개 이상의 채널을 시도하는 것은 피해야 한다.

3) 우리의 현재 상태와 제품의 특정에 맞는 채널은 무엇인지

생각하고 채널을 선택해야 한다. 명확하고 일관된 메시지를 주어야 하고, 항상 측정을 해야 한다.

> "나는 솔직히 우리가 유료마케팅에서 도대체 뭘 하고 있는지 하나도 모르겠다. 우리는 너무 많은 채널을 한 번에 손대고 있다."
> – 하루에 마케팅 예산 50만달러를 쓰는 어떤 앱 회사 마케팅 책임자의 실제 고백

유료 마케팅의 미래

마케팅은 항상 더 많은 대중들을 대상으로 타겟팅 효율을 높이는 방향으로 발전해 왔다. 과거 최초의 오프라인 광고들은 제한된 지역의 사람들에게 무작위로 전달하는 광고를 할 수 밖에 없었다. 라디오나 TV 같은 매체가 나오면서, 더 많은 사람들에게 광고를 전달할 수 있게 되었고, 시청자들에 대한 분석이 시작되면서 타겟팅도 점점 정밀해지기 시작했다.

인터넷은 광고의 패러다임을 완전히 바꾸었다. 과거의 단방향적인 전달을 넘어서, 잠재 고객과 소통할 수 있는 광고를 제작할 수 있었다. 무엇보다 웹페이지의 콘텐츠나 사용자가 입력한 검색어를 분석해서 굉장히 정밀한 타겟팅을 할 수 있게 되었다. 여기에 더해진 소셜 미디어는 광고 집단에 대한 훨씬 집단을 더 세분화 해서 접근할 수 있게 하면서도, 동시에 훨씬 더 많은 사용자들에게 전달할 수 있는 또 하나의 도구를 제시했다.

현재 유료 마케팅의 패러다임은, 당연하게도 모바일로의 이동에 있다. 스마트폰으로 대변되는 모바일 기기들은 진정한 의미의 '개인화 기기'이다. TV나 라디오의 경우 가족들이 함께 보는 매체였고, PC라고 하더라도 반드시 하나의 PC를 한 사람이 사용하는 것은 아니었다. 하나의 계정을 여러 명이서 공유해서 사용하기도 한다. 하지만 모바일 기기를 공유해서 사용하는 것은 극히 예외적인 경우이며, 동시에 모바일 기기는 기존에 광고 타겟팅에 사용하기 어려웠던 위치 정보 등도 추가적으로 제공하고 있다.

블루투스 비콘Beacon 등의 기술은 옥외 대형 광고에 대응하는 모바일 광고 캠페인을 만들 수 있게 해주고 있고, 한 장소에 모인 사람들이 자신들의 모바일 디바이스를 연결하여 새로운 체험을 할 수 있는 이벤트를 제공할 수도 있다. 이런 기술적인 변화를 항상 지켜보면서 우리 특성에 맞는 유료 마케팅 수단이 무엇일지를 고민하면, 유료 마케팅을 통한 성장 가속화도 결코 어려운 일은 아닐 것이다.

CHAPTER 08

그로스 해킹 도구

최근 '그로스 해킹'이 부각되고 있는 배경에는 '도구'의 발달도 관련이 있다. 과거에는 데이터의 수집, 처리, 분석 일련의 과정에 소요되는 비용이 너무 컸다. 그로스 해킹에서 중요한 것은 '끊임없는 실험의 실행'인데, 그 단계로 가기 전까지 너무 많은 노력이 들어갔기 때문에, 정작 '실행'에는 초점을 맞추기가 어려웠던 것이다.

하지만 이제는 상황이 완전히 바뀌었다. 직접 구축하거나 사용하려면 최소 수천만 원 이상의 비용이 소요되었을 만한 시스템들이 거의 무료로 제공되고 있기 때문에, 데이터 분석에 들어가는 노력은 최소화하면서 실행이 집중할 수 있는 상황이 되었다. 또한 이를 다르게 해석하면 '이렇게 '그로스 해킹 하기 좋은 상황을 우리 비즈니스에 잘 활용하지 못한다면 경쟁에서 뒤쳐질 수 밖에 없다'는 의미로 해석할 수도 있다.

(1) 데이터 수집과 처리, 분석

AARRR 분석 등에 활용하기 위해서 제품의 기본적인 데이터를 수집, 시각화 등을 처리하는 도구가 필요하다. 성장 전략의 가장 기본이 되는 대표적인 측정 도구를 먼저 알아보자.

● **구글 어낼리틱스 (Google Analytics, www.google.com/analytics/)**

구글 어낼리틱스는 웹 초창기부터 지금까지 명성을 쌓아온 가장 범용적이면서도 가장 강력한 데이터 분석 도구로, 그로스 해킹을 이야기할 때 절대 빠질 수 없는 필수적인 요소다.

몇 년 전만해도 웹에 특화되어 있다 보니 앱 데이터 분석은 제대로 되지 않는다 거나, AARRR 분석, 코호트 분석을 수행하는 데는 추가적인 수정 작업이 많이 필요했다. 그래서 아래에서 언급할 믹스패널Mixpanel 같은 제품이 등이 시장에 등장하게 되었다. 하지만 지금은 구글의 끝없는 업데이트로 웹 외에도 앱 데이터 분석을 지원, 어렵지 않게 AARRR 분석, 코호트 분석 수행할 수 있다. 무료인 점, 구글 광고 시스템 및 구글 플레이스토어 등과도 연동된다는 점, 그 외 수많은 사용자 데이터 분석을 자동으로 수행해 준다는 엄청난 장점을 가진 도구이다. 그러므로 믹스패널과 키스메트릭을 사용하더라도 구글 어낼리틱스 만큼은 꼭 병행 사용할 것을 추천한다.

● **믹스패널 (Mixpanel, www.mixpanel.com) & 키스메트릭 (KISSmetrics, www.kissmetrics.com)**

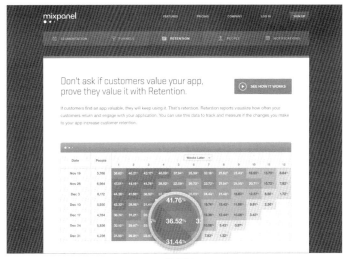

▲ 믹스패널

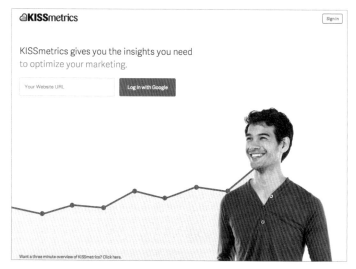

▲ 키스메트릭

믹스패널과 키스메트릭 모두 AARRR 분석, 코호트 분석을 쉽게 수행해주는 대표적인 툴이다. 두 서비스 모두 몇 년 전 구글 어낼리틱스가 이런 분석에 대한 지원이 약할 때, 시장에 등장하여 성장했다. 구글 어낼리틱스의 기능이 강화된 현재는 두 서비스만의 강점은 다소 퇴색했다고도 볼 수 있지만, 간단한 코드 삽입만으로 AARRR 분석, 코호트 분석 결과를 볼 수 있다는 것이 분명한 장점이다. 물론 구글 계정과의 연동도 잘 지원한다.

처리하는 데이터 양이 적으면 무료이고 데이터 양이 증가하면 돈을 지불해야 하지만, 충분히 돈 값을 하는 분석 툴임에는 틀림이 없다. 만약 처리하는 데이터 양이 증가되었을 때 돈을 지불하지 않으면 데이터 분석 결과를 볼 수 없지만, 데이터는 계속 보존되어 있다. 그러니 나중에 결제하고 확인하더라도 처음부터 추적 도구를 삽입해 두는 것을 추천한다.

● 플러리 (Flurry by Yahoo!, https://developer.yahoo.com)

플러리는 모바일 앱에 특화된 데이터 분석 도구다. 역시 간단한 코드 삽입 만으로 AARRR분석, 코호트 분석을 포함한 수많은 통계들을 쉽게 확인할 수 있다. 구글 어널리틱스나 믹스패널, 키스메트릭 모두 모바일 앱 분석을 지원하지만, 모바일 앱 분석만을

위해 만들어진 플러리만이 가지고 있는 많은 장점들이 있다. 모든 기능이 무료라는 것도 작은 규모의 팀에서 활용하기 좋은 이유 중의 하나다. 구글 어낼리틱스, 믹스패널, 키스메트릭을 사용하고 있더라도, 모바일 앱에서 만큼은 플러리를 병행 사용하는 것을 추천한다.

● 세그먼트 (Segment, www.segment.com)

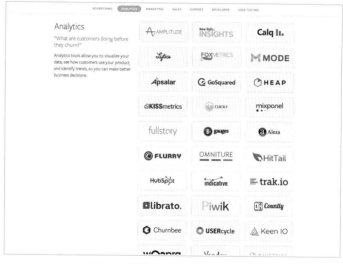

▲ 세그먼트가 지원하는, 데이터 연결이 가능한 다양한 분석 도구

위에서 언급한 도구들 외에도 많은 사용자 분석 도구가 시장에 출시되어 있다. 각각 장단점이 있는 터라 실제 데이터 분석을 수

행하게 되면 여러 도구들을 병행 사용할 수 밖에 없는데, 세그먼트는 이런 데이터들을 하나로 모아서 쉽게 처리할 수 있게 도와주는 도구이다. 당연히 API도 지원하므로 회사 자체적으로 서버 로그를 다른 서비스의 분석 결과와 통합하여 분석하거나 할 때 유용한 도구다.

(2) 제품 오류 분석 자동화 도구

그로스 해킹에서 AARRR 단계를 분석할 때 가장 놓치기 쉬운 요소 중의 하나가 '기능 오류'에 대한 것이다. 특히 모바일 앱이나 웹사이트가 강제 종료되거나 중요한 기능이 동작하지 않는 등의 심각한 오류가 몇 번 발생하게 되면, 사용자들은 다시는 그 서비스를 사용하지 않게 된다. 추가적으로 주변에 추천도 하지 않게 된다. 이것은 서비스를 운영하는 입장에서 겪을 수 있는 가장 나쁜 사용자 피드백이다.

따라서 사용자들이 실제 상황에서 겪게 되는 다양한 오류를 잡을 수 있는 수단이 필요하지만, 보통 생각하게 되는 전화 문의나 상담 게시판 등은 제품 오류를 수정하는 것에는 극히 비효율적이다. 일단 사용자들은 제품 오류에 대해서 적극적으로 전화나 게시판을 통해 전달하지 않을 뿐더러, 오류 수정에 반드시 필요한 운영 체제 종류나 웹브라우저 종류를 제대로 알려줄 만한 배경 지식을 가지고 있지 않기 때문이다.

〈고객과 상담 직원의 대화에서 흔히 볼 수 있는 상황〉

- 상담원 : 고객님께서 사용하는 인터넷 브라우저 종류를 알려주시겠어요?
- 사용자 : 네? 그냥 인터넷 쓰는데요? XP 이야기 하시는건가…

- 상담원 : 어떤 상황에서 앱이 종료되었는지 좀 자세히 알려주시겠어요?
- 사용자 : 아 모르겠어요. 그냥 켜고 버튼 누르니까 죽던데…

따라서 사용자들이 일일이 알려주지 않아도 서비스를 운영하는 입장에서 능동적으로 오류에 대응할 수 있는 수단이 필요한데, 이를 위한 좋은 도구들이 출시되어 있다.

● 패브릭 (Fabric, www.fabric.io)

패브릭은 과거 크래시리틱스Crashlytics라는 이름을 가지고 있었던 앱 오류 분석 전문 도구인데 2013년 트위터가 인수했다. 앱에 간단한 코드를 삽입하는 것 만으로 강제 종료, 기능 오류에 대해서 세세한 분석을 제공받을 수 있으며 100% 무료다.

● 센트리 (Sentry, www.getsentry.com) & 롤바 (Rollbar, www.rollbar.com)

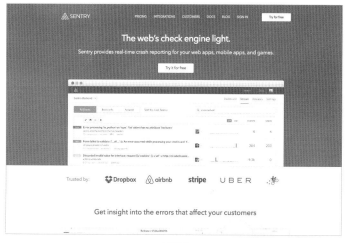

▲ Sentry

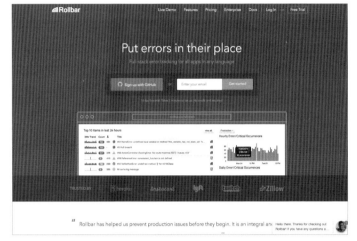

▲ Rollbar

센트리와 롤바는 웹 기반 제품의 오류를 추적할 수 있는 도구이다. 두 도구 모두 오픈소스로 공개되어 있어서, 직접 서버를 세팅한 후 사용하는 것은 무료이다. 하지만 공식 사이트에서 사용하는 것은 소정의 사용료가 있다

두 서비스 모두 JavaScript, Node.js, Ruby, Python, PHP 등 주요 언어와 웹 개발 프레임웍을 지원하며 사용자들이 겪는 다양한 오류를 자동으로 수집, 정리해준다. 얼마나 다수의 사용자들이 겪고 있는 문제인지 등에 따라 '심각성 수준'까지 분류해주므로 서비스를 운영하는 입장에서는 '심각한 수준의 오류'부터 대응하면 된다.

(3) 벤치마크 데이터 얻기

성장 로드맵의 '상한선'에 대한 점수를 산정할 때 '업계 평균 수치'를 기준으로 삼을 수 있다는 내용을 이야기했다. 이렇듯 우리가 만드는 제품의 개선점을 파악하기 위해 다른 제품들을 살펴봐야 하는 경우가 많다.

최근에는 이런 벤치 마크 데이터를 얻을 수 있는 간편한 도구들이 다수 나와있다.

● 시밀러웹 (SimilarWeb, www.similarweb.com)

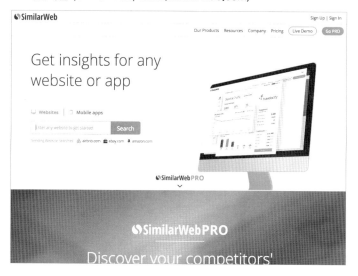

시밀러웹은 각 나라의 인터넷 서비스 제공자Internet Service

Provider, ISP에서 제공받은 데이터 등을 활용하여 각 웹사이트나 앱의 사용량, 튕김 지표Bounce Rate, 주요 유입 경로 등을 보여준다. 또한 각 서비스 간의 비교를 쉽도록 만들어 두어서, 우리 서비스가 업계 수준에 비교하여 어떤 개선을 해야 하는지 많은 통찰력을 얻을 수 있게 해준다.

크롬 브라우저 플러그인[1]이 존재하는데, 플러그인을 설치해두면 방문한 웹 사이트의 트래픽 수준 등을 바로 알 수 있어서 아주 유용하다.

▲ 시밀러웹 크롬 플러그인을 통하면 내가 현재 방문 중인 웹사이트 '마이리얼트립'의 통계를 쉽게 엿볼 수 있음

---

1) 크롬웹스토어 (https://chrome.google.com/webstore/category/apps) 에서 SimilarWeb 검색

이런 벤치 마크 도구를 사용할 때 중요한 것은 표시되는 수치를 '비율', '상대값'으로 사용해야 한다는 것이다. 각 벤치 마크 도구들이 사용하는 기준이 다르고 데이터 수집 통계 상의 편차가 존재할 수 있기 때문이다. 따라서 동일한 벤치 마크 도구를 활용해서 '우리와 어떤 다른 제품의 수치를 비교해서 이 정도 비율이 차이가 나니 이런 시도를 해볼 수 있겠다'가 올바른 접근 방법이다.

● **고스트리 (Ghostery, www.ghostery.com)**

고스트리는 원래 웹 사이트의 과도한 사용자 추적을 막기 위한 '추적 차단 플러그인'으로 만들어졌다. 하지만 이를 응용하여 어

떤 웹사이트에 어떤 기술들이 적용되었는지 살펴보는 도구로 활용할 수 있다.

크롬 플러그[2]인 을 설치 후 어떤 웹사이트를 방문하여 고스트리를 실행시켜 보면 어떤 도구를 써서 사용자 정보를 수집하고 있는지, 고객 문의 사항은 어떤 소프트웨어를 써서 처리하고 있는지 등에 대한 다양한 정보를 얻을 수 있다.

● 웹사이트 그레이더 (Website Grader, https://website.grader.com)

---

2) 크롬웹스토어에서 Ghostery 검색

웹사이트 그레이더는 온라인 마케팅 전문 회사 허브스팟 (HubSpot, www.hubspot.com)이 제공하는 무료 웹사이트 분석 도구다. 웹사이트 그레이더를 방문하여 확인하고자 하는 웹사이트의 URL을 입력하면 해당 웹사이트의 성능, 모바일 대응 수준, SEO 대응 수준, 보안 수준을 원클릭에 확인할 수 있다.

단순히 결과값만 보여주는 것이 아니라 개선을 위한 체크리스트도 보여주기 때문에 이를 활용하여 개선을 실행에 옮기는데 큰 도움을 받을 수 있다

이번 장에서는 그로스 해킹에 사용 가능한 툴들에 대해서 살펴보았다. 앞서 언급한 것처럼 그로스 해킹은 일시적인 기술로 사용자를 늘리는 방법이 아니다. 우리 서비스나 제품이 사용자에게 올바른 가치를 전달하기 위해서 무엇을 개선해야 할지 알기 위해 고민하는 과정이며, 그 과정 상에서 사용되는 분석 기법들이 AARRR 분석, 코호트 분석 같은 이론들이다. 실제로는 서비스 특성에 따라 더 다양한 분석 기법을 사용해 볼 수 있고, 또 사용해야 한다. 단순히 분석을 한다고 해서 저절로 성장이 만들어 지는 것은 아니기 때문에, 여기서 소개된 좋은 도구들로 분석에 대한 노력을 줄이고 회사나 팀 모두가 실천에 집중하는 '문화'를 구축하는 것이 중요하다.

CHAPTER 09

그로스 해킹 사례 : 닭과 달걀 문제를 피하는 방법 – 레진코 믹스와 프렌트립, 그리고 로켓펀치

공급자와 수요자를 연결해서 돈을 버는 '플랫폼 비즈니스'는 아주 오래전부터 존재해왔다. 인류가 상업을 시작하면서 자연스럽게 형성된 '시장'이라는 물리적 장소부터 이런 '플랫폼 비즈니스'의 모습을 찾아볼 수 있다. 인터넷을 기반으로 하는 '플랫폼 비즈니스'는 한 번 잘 작동하기 시작하면, 정말 앉아서 돈을 버는 것처럼 보인다. 공간적 제약이 없어서 시장 전체 규모까지도 확장할 수 있다. 만약 플랫폼 사업자는 충실한 관리자의 의무만을 다한다면, 보통 수요자와 공급자가 거래 수수료라는 형태로 알아서 돈을 만들어 주기 때문이다.

이런 플랫폼 비즈니스가 겪는 난관은 '닭과 달걀'의 문제다. '닭이 먼저 존재했는가, 달걀이 먼저 존재했는가'와 유사한 문제가 항상 발생한다. 공급자가 많아야 수요자가 생길텐데, 공급자가 생기기 위해서는 플랫폼 내에 많은 수요자가 존재해야 한다.

이 문제를 해결하는 것에 정해진 정답은 없다. 그 팀이 가진 고유한 방법으로 닭이나 달걀 중 한쪽을 먼저 만드는 수 밖에 없다.

결국 이것이 사업 계획을 수립할 때 가장 중요한 질문 중 하나인 '왜 당신이 이 일을 가장 잘 할 수 있는 사람입니까?'라는 질문과 연결된다.

사업 계획 검증에 사용할 수 있는 5가지 질문

Q1. 문제 : 당신이 풀기를 원하는 문제는 무엇입니까?

Q2. 해결법 : 당신이 가진 그 문제의 해결 방법은 무엇입니까?

Q3. 수익 모델 : 어떻게 돈을 법니까?

Q4. 전문성 : 왜 당신이 이 일을 가장 잘할 수 있는 사람입니까?

Q5. 시기 적절성 : 왜 지금이 이 일을 시작하기에 가장 좋은 시기입니까?

자신 만의 고유한 방법으로 이 딜레마를 해결할 수 있는지가 핵심 경쟁력 중 하나가 되는 것이고, 결국 플랫폼 제품 런칭 초창기의 성장 전략의 문제로 귀결된다.

각각의 상황에 맞는 전략을 수립하는데 참고할 수 있는 아이디어를 제공하기 위해서 이 딜레마를 성공적으로 해결한 세 회사의 사례를 소개한다.

1. 레진코믹스 (www.lehzin.com)

첫 번째 사례는 유료 웹툰 플랫폼으로 유명한 '레진코믹스'다.

▲ 레진 코믹스

　웹툰 서비스는 아주 전형적인 플랫폼 비즈니스 구조를 가지고 있다. 사업자는 작가에게는 웹툰을 업로드할 수 있는 방법을, 독자에게는 웹툰을 읽을 수 있는 방법을 제공하고 그 과정에서 발생하는 광고 매출이나 결제 수수료로 돈을 번다. 웹툰 캐릭터를 활용한 게임처럼 부가적인 판권 사업을 전개하는 경우도 있지만, 이것은 이미 기본적인 플랫폼 사업 구조를 성공시킨 다음에나 가능한 일이다. 유료 웹툰 플랫폼을 지향하는 레진코믹스도 닭과 달걀의 문제를 동일하게 가지고 시작할 수 밖에 없었지만 이를 크게 세 가지 방법으로 극복한다.

　첫 번째는 레진코믹스 사업을 구상한 창업자 '레진' 대표님의 개인적 역량이다. 레진 대표님은 레진 코믹스를 시작하기 수년 전부터 '레진 블로그'라는 유명한 블로그를 운영하고 있었다. 서브컬쳐계에서는 이 블로그는 이미 엄청난 영향력을 가지고 있었기 때문에, 레진코믹스가 지향하는 사업 모델과 맞는 수많은 잠재 사용자들을 이미 확보하고 있었던 것이다. 많은 사업들이 초창기에 본인들의 서비스를 홍보하기 위해 얼마나 많은 돈과 시간을 들이는지를 생각해 본다면, 레진코믹스가 가지고 시작했던 '자산'이 얼마나 대단한 것인지 새삼 깨닫게 될 것이다.

▲ 레진 블로그 http://lezhin.tistory.com/

어떤 프로젝트를 시작하기 전에 블로그를 통해 이미 잠재 사용자를 확보하고 있는 것을 어떻게 '그로스 해킹'이라 부를 수 있는지 의문을 제기할 수도 있겠지만, 이는 분명히 그로스 해킹이다. 다만 그 블로그를 운영하는 어떤 의미를 가지게 될지 모르고 있을 뿐인 상태인 것이다. 실제로 어떤 서비스를 다 만들기 전에 그 서비스에 관련된 콘텐츠를 통해 많은 잠재 고객을 확보하는 것은 많은 스타트업들이 사용하는 전략이다.

두 번째는 닭과 달걀 중에서 지금 내가 만들 수 있는 것들 '아주 작게'라도 먼저 만든 것이다. 레진 대표님은 레진코믹스에 대한 구상만을 가지고 있던 상태에서 직접 발로 뛰어 다녀서 일일이 작가들을 설득했다. 아직 닭이 없는 상태에서 '첫 번째 달걀'을 만든 것이다. '유료 웹툰 서비스'라는 아이디어만 가지고 잠재 고객을 확보하는 것은 사실상 불가능한 일이다. 하지만 그 아이디어를 가지고 작가들을 설득하는 것은 충분히 도전해볼 수 있는 일이다. 닭과 달걀 중에서 지금 내가 만들 수 있는 것은 무엇인지 조금만 생각해보면 알 수 있다. 이후에는 최초의 닭 혹은 달걀을 만들기 위해서 발로 뛰는 수 밖에 없다.

그로스 해킹은 반드시 모든 성장 전략을 디지털적인 활동에 맞추어야 하는 것이 아니다. 앞서 계속 언급한 것처럼 '가설 수립 - 실행 - 성과 측정' 중 우리가 가장 많은 노력을 들어야 하는 것은 '실행'의 단계이다. 그 단계가 레진코믹스의 경우 직접 발로 뛰어 작가들을 섭외한 활동인 것이다.

세 번째는 런칭 방식이다. 정식으로 플랫폼이 준비되기 전에 레진코믹스에서는 티저 페이지를 준비했다. 티저 페이지는 이런 내용을 담고 있었다.

> **레진코믹스의 티저 페이지 전략** [1]
>
> 1. 레진코믹스가 만들고 있는 것에 대한 소개와 위에서 미리 계약을 맺은 작가
>   분의 축전(=일러스트)을 공개
> 2. 페이스북 페이지에서 '좋아요'가 특정 수 이상 될 때마다 새로운 축전을 공개
> 3. '좋아요'의 진행 숫자를 보여주는 막대 그래프

　레진코믹스가 만들고자 하는 플랫폼의 잠재 고객들은 이런 티저 페이지를 보면, 당연히 자신이 아는 사람들에게 소개를 하게 된다. 그렇게 레진코믹스는 점점 더 많은 잠재 고객들을 확보하게 된다. 여기서 또 하나 중요하게 생각하고 넘어가야 할 것은 레진코믹스는 안드로이드 앱을 먼저 출시하려고 준비 중이었다는 것이다.

　앱 시장은 극단적인 승자 독식 구조이다. 다시 말해서 출시 후 단기간에 앱 마켓 순위권에 들어가지 못하면, 이후 순위권에 들어가는 것은 극히 어려운 일이 된다. 하지만 순위권에 한 번 들어가면, 순위권에 있다는 이유만으로 앱을 다운로드 받는 사람들이 생겨서 꾸준히 상위권을 유지할 수 있다. 이런 현상이 발생하는 이유는 구글이나 애플 같은 앱 플랫폼 사업자들이 의도적으로 앱 마켓을 닫힌 구조를 유지하고 있기 때문이다. 따라서 앱 출시 전략에서는 초반에 어떻게 흥행몰이를 할 것인지가 아주 중요하게 된다.

---

1) https://www.rocketpunch.com/blog/2013/07/03/lezhincomics-interview

▲ 레진코믹스 구글 플레이 앱 순위 - 출시 후 계속 상위권을 유지

　페이스북 페이지의 '좋아요'가 많다는 것은 앱 출시 시점에 출시 사실을 알릴 수 있는 대상이 늘어 난다는 것이고, 그 고객들이 일시에 앱을 다운로드 받아줄 가능성이 늘어난다는 의미이다. 레진코믹스가 출시 시점부터 해당 카테고리의 순위권을 꾸준히 유지할 수 있었던 비결은, 티저 전략을 통해 앱 런칭 초반에 순위권에 위치했기 때문이다.

　앞서 언급한 '클럽믹스'의 경우에도 앱 런칭 당시에 국내에서 가장 큰 규모의 '클럽 커뮤니티'와의 제휴를 했다. 이를 바탕으로 앱 런칭 초창기 다수의 사용자가 앱을 다운로드 받아 순위권에 위치했고, 이것이 이후 성장에 많은 긍정적인 영향을 미쳤다.

2. 프렌트립 (www.frip.com)

▲ 프렌트립 홈페이지

프렌트립은 '프렌드 + 트립'이라는 이름에서도 알 수 있는 것처럼, '친구들과 함께하는 외부 여가 활동'이라는 컨셉으로 시작된 서비스다. 주말에 즐길 수 있는 래프팅 같은 활동에 대해 공급자와 수요자를 연결하고 중간에서 수수료를 받는 전형적인 플랫폼 비즈니스며, 닭과 달걀의 문제가 동일하게 발생했다.

프렌트립은 레진코믹스의 티저 전략과 유사하게, 소셜 미디어를 적극적으로 활용하는 전략을 보여줬다. 차이점은 티저 페이지를 통한 소개 수준이 아니라 '서비스'를 제공했다는 것이다.

프렌트립의 기존 서비스와의 차별화 포인트는 결국 '페이스북 같은 소셜 미디어를 적극적으로 활용해서 레저 서비스 상품 공급량을 극대화하겠다.'는 것인데, 이 개념은 반드시 서비스 페이지가 없더라도 구현이 가능하다. 실제로 프렌트립은 아래와 같이 티저 서비스를 수행했다.

1. 프렌트립 공식 페이스북 페이지와 그룹을 개설한 후, 창업자들이 자신들의 페이스북 친구들을 초대한다.
2. 프렌트립에서 장차 제공하려고 생각하는 상품을 기획한 후 '페이스북 이벤트'를 생성한다. 해당 이벤트에는 '상품에 대한 소개', '날짜와 장소', '참가 신청을 위한 결제 방법 (계좌 이체)' 등이 들어가 있다.
3. '페이스북 이벤트'에서 '참석' 버튼을 누르고 계좌 이체를 하면, 창업자들이 수동으로 확인해서 명단을 확정한다.

▲ 프렌트립 공식 페이스북 그룹[2]

▲ 프렌트립 공식 페이스북 그룹의 이벤트

---

2) https://www.facebook.com/groups/frientrip/

그 어떤 새로운 것도 만들지 않았지만, 본인들이 만들고자 생각했던 모든 사업적 절차들을 실행에 옮겨 훌륭하게 초기 사용자를 확보하기 시작했다. 아직 정식 서비스는 나오지도 않은 상황이었지만 이를 통해서 매출을 발생시키는 것은 물론이고, 실제 사업 운영상에서 발생할 수 있는 문제점들을 확인하고 미리 대응할 수 있는 기회를 만들었다. 게다가 어떤 여가 상품을 사람들이 좋아하는지 알 수 있었으므로, 정식 서비스 오픈 시에 어떤 상품을 중점적으로 홍보해야 할지 알 수도 있다. 말 그대로 1석 3조의 효과를 얻은 것이다.

정식 서비스 오픈 후에는 해당 페이지나 그룹을 통해 미리 확보된 고객들에게, 이제 페이스북 이벤트가 아니라 정식 서비스의 상품 페이지 URL을 제공하면 되는 것이다.

3. 로켓펀치 (www.rocketpunch.com)

필자가 만들고 있는 로켓펀치는 지금은 프로필 기반의 비즈니스 네트워킹 서비스로 커져가고 있지만, 초창기에는 스타트업 기업 정보와 채용 정보 플랫폼으로 시작했다. 스타트업들이 직접 기업 정보와 채용 정보를 업로드해야 하는데, 이런 정보 플랫폼 역시 서비스 초기에 닭과 달걀의 문제를 제대로 겪게 된다. 보는 사람들이 있어야 계속 새로운 정보를 올릴텐데, 새로운 정보가 올라오기 위해서는 보는 사람들이 있어야 한다. 로켓펀치는 이를 크게 두 가지로 풀었다.

첫 번째는 역시 티저페이지였다. 로켓펀치를 시작할 때 가장 먼저 검증해야 것은 '사람들은 스타트업 정보만을 모아서 보고 싶을 것'이라는 가설이었다. 이 가설이 틀렸다면 이 서비스는 존재의미 자체가 없어지는 것이다. 그런데 이 가설을 검증하기 위해절대 모든 기능을 새로 만들어서 오픈할 필요는 없다.

▲ 로켓펀치 아이디어 실험용 티저 페이지 겟로켓

　　로켓펀치팀은 텀블러(https://www.tumblr.com/)를 활용하여가설을 검증할 수 있는 겟로켓GetRocket[3]이라는 티저 서비스를 만들었다. 텀블러 스킨을 변형하고 글 작성 API를 활용하여 '업로드'버튼을 누르면 누구나 채용 정보를 작성할 수 있게 했다. 제출된

---

3) http://getrocket.tumblr.com/ 현재도 접속 가능함

채용 정보는 '임시 저장' 상태로 보관되고, 관리자가 승인을 하면 텀블러에 노출된다. 이 모든 시스템을 만드는 것은 이들도 채 걸리지 않았지만, 위 가설을 검증하는 데에는 충분했다.

실제로 이 블로그를 오픈한 후, 점점 더 많은 채용 정보가 올라왔다. 동시에 그 채용 정보를 보러 점점 더 많은 사람들이 들어오는 것을 확인하고, 위 가설이 맞다는 것을 자연스럽게 확신할 수 있었다. 또한 사용자들이 주는 피드백을 바탕으로 자체적인 서비스를 구축했을 때 어떤 부분을 신경 써야 할지 미리 알 수 있었다.

두 번째는 레진코믹스의 사례에서 언급된 '발로 뛰는 것'이었다. 정식 서비스를 오픈하기로 결정하고 나서 로켓펀치 팀에게 필요했던 것은 기본적인 스타트업들의 정보였다. 텀블러 블로그에서는 굳이 기업들의 상세한 소개까지 보여줄 필요는 없었지만, 정식 서비스가 된다면 기업들의 상세한 정보를 보여주는 것은 채용 서비스가 가지고 있어야 하는 중요한 기능 중의 하나가 된다. 로켓펀치 팀은 여러 방법을 통해 스타트업 기업 정보를 200개 가까이 수동으로 수집했다. 2013년 1월 정식 오픈 시점에는 이렇게 수집된 200여개 기업 정보, 텀블러 기반 티저 사이트에서 옮겨온 수십 개 이상의 채용 정보들로 콘텐츠를 구성해 '당장 볼 것이 있는 정보 플랫폼'을 제공했다.

이를 보고자 하는 사람들이 사이트를 방문하고, 수요자가 있기 때문에 또 누군가가 정보를 다시 업로드하는 선순환 구조가 동작하기 시작한 것이다.

이 세 회사의 사례에서 살펴본 것처럼, 플랫폼 사업의 '닭과 달걀 문제'을 푸는 정답은 존재하지 않는다. 하지만 공통적으로 이런 접근법을 생각해보면 좋을 것이다.

1. 이미 존재하는 것들을 조합해서, 실제 만들고자 하는 것을 테스트해본다.
2. 플랫폼에 필요한 두 주체 중에, 우리가 지금 획득할 수 있는 어떤 것이 무엇인지 생각해보고, 아주 작게라도 확보하는 것에 집중한다.

CHAPTER 10

그로스 해킹 사례 :
유기적 성장과 입소문, 유료 마케팅의
균형 – 드랍박스와 에어비앤비

유기적 성장Organic Growth과 입소문을 통한 성장Viral Growth, 유료 마케팅을 통한 성장Paid Marketing의 균형적 전략에 대해서 알아보기 위해 드랍박스와 에어비앤비의 사례를 살펴보려고 한다.

보통 그로스 해킹을 소개할 때 위 성장 전략 중 어느 하나만 소개 되는 경우가 많다. 유기적 성장을 소개하는 사례에서는 유기적 성장이 모든 것인 것처럼, 입소문을 소개하는 사례에서는 입소문이 진리인 것처럼, 유료 마케팅을 소개하는 사례에서는 유료 마케팅이 핵심인 것처럼 소개된다. 하지만 올바른 그로스 해킹 전략은 이 세 가지를 자유 자재로 조합하는 것에서 나온다.

드랍박스와 에어비앤비 모두 그로스 해킹 사례에 단골로 출현하지만 내부에서 직접 일하는 그로스 해킹 팀의 이야기를 들어보면, 그들이 전사적으로 가장 신경 쓰는 것은 '최적 조합을 찾는 것'임을 알 수 있다. 이를 좀 더 상세히 살펴보기 위해 이 세 가지 개념을 다시 한번 짚고 넘어가 보자.

	유기적 성장	입소문을 통한 성장	유료 마케팅을 통한 성장
개요	제품의 고유한 가치를 통해 성장을 도모하는 방법	기존 사용자들의 네트워크를 통해 성장을 도모하는 방법	비용을 집행하여 그 비용 이상의 성장을 추구하는 방법
대표 기법	검색 엔진 최적화 콘텐츠 마케팅	추천 보상 프로그램 주소록 불러오기	온라인 키워드 마케팅 오프라인 마케팅
주요 비용 요소	기능 개발, 개선 비용	입소문 관련 기능 개발	마케팅 직접 비용

유기적 성장과 입소문을 통한 성장의 숨겨진 비용

유기적 성장과 입소문을 통한 성장에는 숨겨진 비용이 존재한다. 유기적 성장과 입소문은 우리가 아무것도 하지 않아도 시작되긴 한다. 우리가 검색 엔진 최적화 작업을 진행하지 않아도 구글 등의 검색 엔진은 우리 웹페이지를 수집하기 시작하고, 우연히 우리 제품을 찾은 고객은 옆 사람에게 우리 제품을 알리기도 한다. 하지만 이렇게 시작된 유기적 성장이나 입소문을 통한 성장이 지속되고 궁극적으로 J커브 성장을 만들기 위해서는 '시스템적인 뒷받침'이 필요하다. 검색 엔진에 결과가 더 잘 노출되기 위해 검색 엔진 최적화 작업을 진행하고, 사람들이 입소문을 극대화하기 위해 공유 버튼을 붙이고, 주소록 불러오기 기능을 추가해야 한다.

문제는 이런 모든 활동에는 시간과 돈이 들어간다는 것이다. 좀 더 직접적으로 표현해서, 이런 작업을 수행하는데 필요한 개발자, 디자이너 등의 인건비가 필요하다. 일반적인 IT 기업에서 가장 큰 비용을 차지하는 것이 인건비 항목이다. 그렇기 때문에 유기적 성장이나 입소문을 통한 성장을 강화할 수 있는 어떤 기능을 만들기 위해, 그 작업만 담당하는 조직을 계속 유지하는 것은 실제로 커다란 비용을 발생시키는 일이다. 또 이런 기능들을 구현한다고 해서 효과가 즉시 발생하는 것은 아니며, 만들고 났더니 별 효과가 없어서 다른 시도를 해야 하는 경우도 많다.

MOST POPULAR CONTENT

- Have you installed Google Analytics?
- Have you installed Google Search Console?
- Focusing on the US? Might want to install Bing Webmaster Tools.
- Using WordPress? Make sure to grab a Google Analytics plugin! There are lots of simple ones that work, here's an example.
- Using WordPress? Install Yoast SEO! This plugin will make your life 10x easier.
- Have you checked Google's Search Console for 404 / 500 errors, duplicate content, missing titles and other technical errors that Google has found?
- Have you used Browseo to find even more technical errors, like 302 redirects that should be 301s?
- Have you used Screaming Frog to find broken links, errors, and crawl problems?
- Have you used Google's Keyword Planner for keyword research? What about KWFinder, KeywordTool.io and SEMRush? Be sure to consider searcher intent and difficulty, pick 1 keyword per page, and you'll generally want to start with lower-volume keywords first.
- Have you looked at competitor link profiles? This is the easiest way to get started with link building. This way, you can see what kind of anchor text they're using, as well as how and where they've been getting their links. Something like the Ahrefs, Link Diagnosis, Open Site Explorer, or Majestic.
- Have you incorporated your primary keyword (or something close) into your page URL?
- Is your keyword in your title tag? Is your title tag enticing? What's the CTR? You can check in Google Search Console!
- Are all of your meta description tags approximately ~160 characters? Is the keyword in the meta description? Google is now testing longer meta descriptions – but the standard has been about 160 characters.
- Have you used an H1 tag on your page? Is your keyword in the tag? Is it before any (H2, H3, H4...) tags? Are you only using 1 H1?
- Do you have a healthy amount of search engine-accessible text on your site? My recommendation is at least 100 words because you want to give search engines an opportunity to understand what the topic of your page is. You can still rank with less, and you don't **ever** want to put unnecessary text on your site, but I recommend not creating a new page unless you have roughly ~100 words worth of content.
- Did you use synonyms in your copy? Remember: synonyms are great, and using natural language that's *influenced* by keyword research (rather than just pure keywords) is highly

SEO Site Analysis

The 2016 SEO Checklist

Beginner's Guide to SEO

Link Building 101 Handbook

Best Free SEO Tools

Free SEO Tutorial

Track Keyword Rankings

▲ 검색 엔진 최적화 체크리스트[1] – 이 모든 것을 다 수행하는 것은 큰 비용이 들어가는 일이다

---

1) http://www.clickminded.com/seo-checklist/

따라서 일종의 연구 프로젝트처럼 당장의 성과를 기대할 수 없고 기대해서도 안되는, 유기적 성장이나 입소문을 통한 성장 시스템을 만드는 것에 회사의 모든 자원을 집중하는 것은 비효율적인 일이다. 특히 이런 성장 시스템이 어느 정도 갖춰진 다음에는 계속 개선을 한다고 해도 그 개선 정도는 미미할 수 밖에 없다. 자원 투자 대비 성과의 비효율성이 극대화되는 것이다.

1년 동안 3억원을 '성장 프로젝트'에 쏟을 수 있을 때, 유기적 성장과 입소문의 통한 성장, 유료 마케팅을 통한 성장에 각각 얼마씩 예산을 배분하는 것이 가장 큰 성장을 이룰 수 있을까? 1억원씩 배분할 수도 있고, 어떤 두 가지에만 1.5억원을 배분할 수도 있다. 이것은 공학에서 자주 접하는 '최적화 문제'다. 이런 최적화 문제는 전체 시스템의 복잡성으로 인해, 궁극적인 답Global Maximum을 찾는 것이 불가능할 때도 있다. 하지만 현재 찾은 답이 궁극적인 답일 것이라는 맹목적인 믿음 역시 잘못된 것이다. 좀 더 나은 답이 존재할 수도 있으므로, 여건이 허락하는 선에서 지금 우리가 가진 답보다 더 나은 답이 존재할 수도 있는지 실험을 해보아야 한다.

드랍박스의 사례

앞서 여러 번 언급된 드랍박스는 유기적 성장과 입소문을 통한 성장이 아주 강력한 제품이다. 하지만 어느 정도 성장을 달성한 후부터는 드랍박스 내부에는 이 세 가지 성장 모델을 어떻게 조합

할지에 대한 고민을 시작했다. 이를 위해 재무 부서와 실제 성장 프로젝트를 총괄하는 팀은 세 성장 조직에 어떻게 예산을 분배할지 고민하는 것이 가장 큰 업무 중의 하나였다.

실제로 드랍박스는 구글 키워드 광고 등을 통해 지금도 유기적 성장과 입소문을 통한 성장, 그리고 유료 마케팅을 통한 성장을 적절히 조합하고 있는 것을 볼 수 있다.

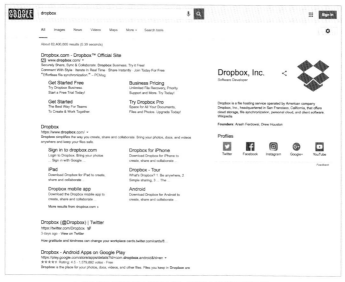

▲ 검색 결과 최상단에 노출되고 있는 드랍박스의 유료 키워드 광고

에어비앤비의 사례

에어비앤비 역시 드랍박스와 마찬가지로 유기적 성장과 입소

문을 통한 성장이 아주 강한 제품이다. 실제로 방이 임대되는 것을 경험한 방 주인들과 만족스러운 숙박을 경험한 이용자들에 의해 입소문이 많이 퍼졌다. 에어비앤비 팀은 이런 입소문을 시스템적으로 뒷받침 하기 위해 '실물 보상 기반 추천 시스템' 개발에 착수한다. 에어비앤비는 사용자들의 행동 경향을 정확히 추적할 수 있는 시스템 개발에 착수한 후 행동 패턴을 분석하고, 각 사용자들이 친구들을 초대하면 실물 보상을 받을 수 있는 개인화된 추천인 시스템을 완성했다.

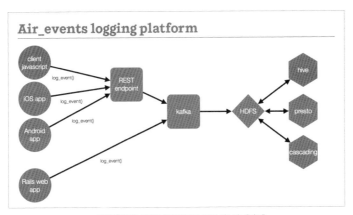

▲ 에버비앤비가 공개한 데이터 기록–분석 시스템 개념도[2]

놀라운 점은 에어비앤비 팀이 단순히 보상 기반의 추천인 시스템을 개발하는 것에 그치지 않고, 예산을 얼마나, 어떻게 썼을 때

---

2) Hacking Word-of-Mouth: Making Referrals Work for Airbnb http://nerds.
airbnb.com/making-referrals-work-for-airbnb/

이 효과가 극대화되는지 최적화하려는 노력을 끊임없이 기울였다는 것이다. 이들은 아래 두 가지 중에서 어떤 것이 더 좋은 효과를 보이는지 측정했다.

1. 내가 초대한 친구가 가입하면 내가 $25를 받는 것
2. 내가 친구에게 $25달러를 선물할 수 있는 것

둘 중에서는 2번이 더 좋은 결과를 보여주었지만, 에어비앤비 팀은 여기에 그치지 않고 계속 금액과 지급 방식을 다르게 하며 테스트를 진행한다.

에어비앤비의 추천인 보상 시스템 개발 과정은 유기적 성장과 입소문을 통한 성장을 어떻게 유료 보상 시스템을 통해 강화할 수 있는지 보여준다. 동시에 그 시스템 역시 끊임 없이 개선될 수 있고, 또 개선하려는 노력을 기울여야만 한다는 것을 일깨워주는 아주 좋은 사례이다. 이 사례에 대한 전문은 에어비앤비 기술 블로그 Hacking Word-of-Mouth: Making Referrals Work for Airbnb (http://nerds.airbnb.com/making-referrals-work-for-airbnb/) 에서 확인할 수 있다.

CHAPTER 11

그로스 해킹 사례 : 톡투미(퀼슨)의
앱 매출 개선 사례

퀼슨은 'Rescue People's Time' 이라는 미션아래 사람들이 틈틈이 어학공부를 할 수 있도록 도와주는 서비스들을 만들고 있다. 크레듀와 멀티캠퍼스라는 파트너들을 통해서 삼성계열(삼성전자, 삼성디스플레이, 삼성SDS) 및 대기업들의 임직원들에게 영어교육 서비스를 제공하는 B2B 서비스를 주 비지니스로 하고 있지만, 톡투미(http://t2m.kr/)라는 B2C용 어플리케이션도 운영하고 있다.

톡투미는 2시간 마다 푸쉬 알림을 통해서 질문을 받아볼 수 있다. 그리고 답변을 하면 실제 원어민 선생님들에게 첨삭과 코멘트를 받으면서, 모바일 기기를 통해 영어개인 과외를 받는 느낌을 얻을 수 있는 서비스이다.

▲ 톡투미 웹

▲ 톡투미 앱

2014년 10월까지만 해도 인원이 적은 스타트업에서 B2B 서비스들에 집중을 하다 보니, B2C서비스인 톡투미에는 많은 리소스를 투입하지 못하고 있는 상황이었다. 설상가상으로 실제 선생님의 운영 비용 책정을 잘못해서 그 당시만 해도 제품을 팔면 적자가 나는 상황이었다. 그러다 보니 내부에 고민이 많았는데 이미 비싸다는 일부 소비자들의 피드백이 있었음에도 불구하고 제품을 팔 때 이윤을 남기기 위해서, 그리고 소비자들의 가격 지불 의사를 확인하기 위해서 가격을 올리는 모험을 감행했다. 막상 가격을 올리고 나니 걱정했던 것과는 달리 예상외로 기존과 비슷한 수만큼의 유저들이 결제를 했고 전체 매출이 상승했다. 이전 가격도 비싸다는 고객들(주로 학생)도 있었지만, 반대로 오른 가격도 지불할 의사가 있는 고객들(주로 직장인)도 있다는 점을 확인할 수 있었다. 마케팅을 전혀 하지 않았는데도 불구하고 매출이 나는 모습을 보면서 내부에서는 톡투미를 좀 더 활성화 시켜보자는 아이디어가 나왔다. 내부 논의 결과 내부 인력도 좀 더 충원되었고, 새해에 사람들이 영어공부를 많이 하니 크리스마스 전에 톡투미를 업데이트하는 것을 목표로 삼았다.

[분석 및 개선점 도출]

- 애플이 크리스마스 휴가에 들어가기 전에 업데이트되는 것을 목표로 했더니 약 1달 정도 밖에 시간이 없었기에, 선택과 집중을 해야 하는 상황.

- 소비자들의 피드백을 모두 다시 살펴본 결과, 앱을 처음에 발견하는 것과 앱을 처음 다운 받고 어떤 행동을 취해야 할지 모른다는 피드백들이 상당히 많은 것을 확인.
- 특히 톡투미의 경우 유료결제를 해야만 선생님의 첨삭을 받아 볼 수 있는데, 이 부분의 안내를 찾기 어려웠음.

▲ 톡투미 웹

[대안 탐색과 적용]

- 앱 발견 단계 개선
  - → 외부 마케팅을 하지 않고 유저들이 앱을 발견하기 위해서는 ASOApp store optimization를 진행해야 한다고 판단하고 리서치 시작
  - → 애플의 경우에는 앱에 대한 설명 글이 앱스토어의 검색에 반

영이 안되지만 안드로이드는 반영이 되는 점, 애플의 경우 인 앱 결제 상품의 이름 또한 검색에 영향을 미치는 점 등을 확인

→ 한국 Google Play와 Apple App store에서는 어떤 키워드 들이 많이 검색되는지 찾을 수 있는 자료가 없었기 때문에, 네이버 키워드 광고 사이트를 이용해서 영어와 관련해서 사람들이 어떤 키워드를 많이 찾는지 확인

- 다운로드 → 회원 가입 비율 개선

  → 95% 이상의 유저가 전환되고 있었기 때문에 특별한 개선 을 하지는 않음

  → 영어공부 의지가 높은 유저가 열심히 찾아서 다운받았다는 점과 초기에 비밀번호를 넣지 않고 이메일만 넣으면 바로 로그인이 되면서 자동으로 임시 비밀번호가 발행되는 프로 세스 등이 높은 회원 가입율 배경인 것으로 추정

- 회원 가입 → 첫 번째 답변 작성 비율 개선

  → 앱 소개를 본 후에 유저에게 명확히 할 Action을 알려주는 형태로 메인 페이지의 인터페이스를 직관적으로 수정

- 첫 번째 답변 작성 → 유료 결제 비율 개선

  → 앱 소개를 본 후에 유저에게 명확히 할 Action을 알려주는 형태로 메인 페이지의 인터페이스를 직관적으로 수정

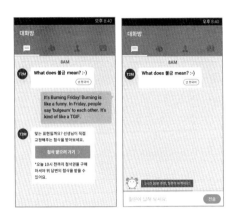

    이렇게 진행한 결과, 업데이트 전 1개월과 업데이트 후 1개월을 비교해 보았을 때 아래와 같이 지표가 개선되었다.

항목	상승률
다운로드 수	31.9 %
전환율	149.3 %
Average Revenue Per Paying User	122.9 %
총 매출	142 %

    새해의 영향을 고려하더라도, 총 매출이 2.5배나 상승하는 고무적인 결과이다.

기고자와 회사 소개

- 김태우 : KAIST 재학중 실리콘밸리에 위치한 벤처캐피탈에서 인턴하는 동안 만난 많은 젊은 창업자들에게 영감을 받았습니다. 2010년에 한국에 돌아온 이후에 인터렉티브 전자책을 누구나 쉽게 만들 수 있는 저작툴을 만들었던 모글루를 창업했습니다. 3년 반정도 운영하고 매각한 이후에 퀼슨에서 프러덕트 매니저로 근무하다가 현재는 클래스팅에서 더 나은 교육을 위한 서비스를 만들기 위해서 노력하고 있습니다.
- 클래스팅 : 전세계 약 275만명의 사용자가 사용하는 교육에 특화된 커뮤니케이션 서비스입니다. 최근에는 러닝카드라는 신개념 학습법을 제공해주는 서비스를 런칭해서 단순히 커뮤니케이션 서비스 뿐만 아니라, 실제로 학생들이 학습을 할 수 있는 서비스까지 사업 영역을 확장하고있습니다

---

* 해당사례는 '퀼슨'에게서 직접 제공 받았습니다.

CHAPTER 12

그로스 해킹 사례 :
측정 가능한 콘텐츠 마케팅 전략 –
KISSmetric과 Mint.com

현대 모든 산업에서 콘텐츠 마케팅의 중요성은 아무리 강조해도 지나치지 않다. 콘텐츠 마케팅의 최대의 장점은 현재 산업 정보의 대부분이 온라인을 통해서 유통되기 때문에, 콘텐츠 마케팅이 제대로 동작할 경우 비용 대비 효율이 극단적으로 높아진다는 것에 있다. 잠재 고객들은 직접적인 검색이나 일상적인 웹 서핑 중에 어떤 정보를 접하게 되는데, 스스로 그 정보가 유용하다고 판단되면 주변에 알리는 활동을 한다. 만약 우리가 생산한 어떤 콘텐츠가 사람들이 진짜 필요로 하는 것이라면 그 정보는 전체 시장을 대상으로 퍼져 나가지만, 이런 확산에 들어가는 비용은 사실상 0에 가깝다. 유료 마케팅에 얼마나 많은 예산이 소요되는지를 생각해보면, 콘텐츠 마케팅은 우리가 항상 기대하는 '유기적인 성장'의 가장 핵심적인 전략이 된다는 것을 알 수 있다.

콘텐츠 마케팅의 가장 기본적인 형태는 블로그 포스팅이나 유용한 정보를 담은 동영상 등이 될 수 있는데, 문제는 이런 콘텐츠를 생산하는 것에는 항상 일정 수준의 고정 비용이 들어가지만, 성과를 예측하기 어렵다는 것이다. 앞서 언급한 것처럼 그 콘텐츠가 진짜 사람들이 필요로 하는 정보라면 무한에 가까운 성과를 보여줄 수도 있지만, 만약 사람들이 필요로 하지 않는 정보라면 아무런 효과를 거두지 못한다. 온라인에서 이루어지는 유료 마케팅이 성과를 예측할 수 있는 방법이 분명히 존재하고, 돈을 쓴 만큼 최소한의 성과는 보장된다는 것을 생각할 때 콘텐츠 마케팅은 불확실성이 항상 위험 요소로 존재한다.

그렇다면 결국 콘텐츠 마케팅의 핵심은 '성과에 대한 예측 정확도'를 높이는 활동이라 볼 수 있다. 이 예측 정확도를 높이는 방법을 아래 두 기업 키스메트릭KISSmetic과 민트닷컴Mint.com의 사례로 살펴보자.

1. 키스메트릭KISSmetric www.kissmetric.com

'그로스 해킹 도구'에서 이미 한 번 언급된 키스메트릭은 기업 내부 전략 수립 시에도 측정 가능한 방법들을 활용하고 이를 통해 성장하여, 표현 그대로 '이론과 실제를 일치시키는 기업'이다. 검색 엔진에서 사용자 데이터 측정과 분석 등에 관련된 콘텐츠를 찾아보면 굉장히 많은 경우에 키스메트릭의 블로그 콘텐츠가 노출된다.

키스메트릭 블로그는 이제 영리 기업의 블로그라기보다는 거의 데이터 분석 도구에 관련된 전자 도서관에 가까운 모습이다. 메뉴 이름도 'Academy, Marketing Guide, Webinars' 같은 명칭으로 되어 있다. 키스메트릭은 어떻게 이렇게 방대하면서도 유용한 정보를 담은 블로그를 운영할 수 있는 것일까? 좀 더 다른 관점에서 보면, 이렇게 방대한 블로그를 운용한다는 것은 분명히 큰 투자가 필요하다는 의미인데, 이를 어떻게 효율적으로 관리하고 있는 것일까?

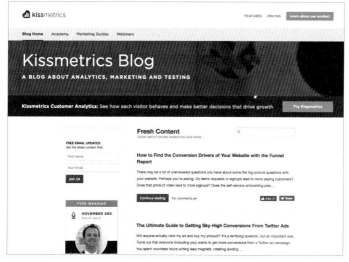

▲ 키스메트릭 공식 블로그

키스메트릭은 초창기부터 콘텐츠 마케팅의 분석과 측정 방법의 중요성을 인지하고 있었고 명확한 전략을 가지고 있었다. 플랫폼을 제공해서 돈을 버는 서비스는 아니므로 앞서 언급한 '닭과 달걀의 딜레마'와는 다르지만, 서비스 런칭 초기부터 충분한 사용자를 확보하려는 바람은 모든 스타트업들의 당연한 욕심이다. 키스메트릭은 아래에 설명하는 측정 가능한 콘텐츠 마케팅 전략을 통해서 이를 달성했다.

〈키스메트릭의 콘텐츠 마케팅 접근 전략〉

1. 아직 정식 서비스가 만들어 지기 전에, 키스메트릭은 공식 트위터 계정 @Kissmetrics[1]을 오픈한다.

▲ 키스메트릭 공식 트위터

---

1) https://twitter.com/Kissmetrics

2. 키스메트릭은 그들의 잠재 고객이라고 할 수 있는 온라인 마케팅 담당자, 개발자, 데이터 분석가들이 관심 있어 할 온라인 콘텐츠를 검색한 후 이를 간단히 요약하고 링크와 함께 트위터에 게시한다.

3. 트위터에 있는 키스메트릭의 잠재 고객들은 해당 트윗을 '리트윗'하거나, '관심글 (이제는 마음, Love)'로 표시한다.

4. 게시된 콘텐츠 별로 얼마나 많은 사람들이 리트윗 또는 북마크를 했는지를 분석해 보면, 잠재 고객들이 어떤 고민을 하고 있는지, 그들이 관심 있는 주제는 무엇인지 알 수 있다.

▲ 리트윗 등을 통해 어떤 주제에 대한 잠재 고객들의 관심 수준을 알 수 있음

5. '잠재 고객들이 관심을 가지는 주제 목록'을 확인하면 키스메트릭은 그 주제를 가지고 그들의 블로그에 오리지널 콘텐츠를 게시한다.

6. 게시된 콘텐츠를 당초 리트윗이나 관심글 저장되었던 트윗에 대한 멘션으로 다시 발행한다.

7. 오리지널 콘텐츠를 보기 위해 잠재 고객들이 블로그에 들어오면, 런칭 소식을 알려주겠다고 하고 이메일 주소를 수집하여 잠재 고객과의 커뮤니케이션 수단을 확보한다.

콘텐츠 마케팅 비용은 대부분 콘텐츠를 제작하기 위해 필요하다. 그리고 제작된 콘텐츠가 잠재 고객들의 관심을 끌지 못하면 그것이 고스란히 손실로 이어진다. 그런데 위와 같은 전략을 사용하면, 잠재 고객들이 관심있는 주제가 무엇인지 굉장히 구체적으로 알 수 있으므로 비용 대비 효율을 크게 끌어올릴 수 있다. 별 전략 없이 즉흥적으로 콘텐츠를 생산하고 시장에 무작위로 뿌려서 '하나만 얻어 걸리길' 기대하는 것과는 근본적으로 엄청난 차이를 가진 접근인 것이다.

이를 통해 키스메트릭은 런칭 시점에 이미 수만 명 이상의 잠재 고객을 확보했다. 트위터와 확보된 이메일을 통해서 서비스 런칭 소식을 알릴 수 있었고, 현재 세계적으로 인기있는 데이터 분석 도구 중 하나가 된 것이다.

여러 이유로 트위터가 정보 유통의 채널로서는 약화된 국내 상황을 고려했을 때 이것은 페이스북 페이지 등으로 바꿔서 생각할 수 있다.

아래 이미지는 로켓펀치에서 운영하고 있는 페이스북 페이지의 콘텐츠 통계이다.

날짜	내용			도달		반응		
04/26/2016 12:39 am	**로켓펀치가 직접 선별한 마케터 추천 채용 정보입니다.** #컬색엔진최적	🔗	🌐	2.9K		173 12		Boost Post
04/25/2016 9:30 pm	건영원 2기이자 'SK이노베이션 계열'에서 근무 중인 김경욱 님이 작성한	🔗	🌐	3.6K		250 32		Boost Post
04/25/2016 5:26 pm	**스타트업으로 #스카웃 당신도 할 수 있습니다** 많은 스타트업이 인재를	🔗	🌐	5K		239 16		Boost Post
04/23/2016 1:29 am	#Python(#파이썬)을 능숙하게 다루는 #개발자 의 #연봉 수준이 꾸준하	🔗	🌐	12.9K		1.5K 71		Boost Post
04/22/2016 1:00 pm	**로켓펀치 추천 정보** 'MK비즈&'은 중소기업 비즈니스 플랫폼 입니다. 기	🔗	🌐	592		6 1		Boost Post
04/22/2016 1:30 am	페이스북 메신저 채팅봇 모음입니다. 아직은 영어 대화만 가능하네요.	🔗	🌐	713		24 0		Boost Post
04/21/2016 10:00 pm	유망한 스타트업들이 개발자 찾고 있는 '#Android #개발자' 컬렉션. #안	🔗	🌐	3.4K		122 5		Boost Post
04/21/2016 3:47 pm	#트렐로(Trello)가 https://trello.com/global 을 통해 20개국 언어를 지	🔗	🌐	1.2K		34 9		Boost Post
04/21/2016 1:00 pm	#수아랩(https://www.rocketpunch.com/companies/sualab)이 눈독	🔗	🌐	4.9K		291 7		Boost Post
04/21/2016 10:23 am	'로켓펀치'는 '비즈니스 프로필' 중심적으로 서비스를 개편한다고 발표했	🔗	🌐	4.9K		312 81		Boost Post
04/20/2016 7:31 pm	챗봇 들이 서로 대화를 하면 어떤 상황이 벌어질까요?	🔗	🌐	461		12 2		Boost Post
04/20/2016 1:00 pm	[로켓펀치를 스마트하게 활용하는 방법] - 로켓펀치에 채용 정보를 올리면,	🔗	🌐	2.5K		113 15		Boost Post
04/20/2016 10:11 am	**로켓펀치 추천 채용 정보** #현대자동차 #삼성전자, #기아자동차 등 글	🔗	🌐	1.2K		20 3		Boost Post
04/19/2016 11:00 pm	로켓펀치를 통해 구직중인 #디자이너 분들을 위해 #연봉 수준이 좋은 디자	🔗	🌐	6.9K		492 20		Boost Post
04/19/2016 1:00 pm	로켓펀치 회원들이 좋아하는 것을 최대한 실시간으로 알아내기 위해 다양	🔗	🌐	2.9K		146 14		Boost Post
04/18/2016 9:37 pm	4월 3주에 놓치지 말고 확인해야 할 #개발자 추천 #채용 정보를 선별하여	🔗	🌐	7.2K		425 22		Boost Post

▲ 로켓펀치 페이스북 페이지의 콘텐츠 통계

이 통계를 보면, 사람들이 유독 관심 있게 보는 콘텐츠 주제가 무엇인지 발견할 수 있고, 오리지널 콘텐츠 제작에 참고할 수 있다.

2. 민트닷컴 (www.mint.com)

민트닷컴은 현재 존재하는 많은 웹 기반 개인 재무 분석 서비스들의 시초와도 같은 서비스이다. 서비스에 가입한 후 은행 계정, 신용 카드, 보험 등의 정보를 연결하면 각 정보를 자동으로 가져와서 분석하고, 재무 목표를 달성하기 위한 방법을 제시해준다. 민트닷컴은 시대를 앞서간 뛰어난 기능들로 많은 주목을 받았고, 결국 세계적으로 큰 재무 관련 소프트웨어 기업 중 하나인 Intuit[2] 가 2009년 9월 1억 7천만 달러에 인수[3] 했다.

▲ 민트닷컴 창업자 Aaron Patzer[4]

2) https://www.intuit.com/
3) https://techcrunch.com/2009/09/13/intuit-to-acquire-former-techcrunch50-winner-mint-for-170-million/
4) http://www.inc.com/zoe-henry/aaron-patzer-on-failing-twice-and-what-it-really-feels-like-to-sell-your-company.html

민트닷컴은 검색 엔진 최적화 전략과 콘텐츠 마케팅 전략을 절묘하게 혼합하여 많은 사용자들을 확보한다. 민트닷컴 역시 키스메트릭이 한 것과 유사하게, 사용자들이 많이 찾을 것 같은 정보들을 콘텐츠로 만들었다. 하지만 이것을 검색 엔진 최적화 전략에 연결한 것이 특징이다.

〈민트닷컴의 콘텐츠 마케팅과 검색 엔진 최적화 결합 전략〉

1. 검색 엔진에서 사용자들이 어떤 키워드로 들어왔는지, 레퍼러를 통해서 알 수 있다.
2. 사용자들의 어떤 키워드를 검색해서 민트닷컴에 들어왔는지에 따라, 메인 화면에서 보여주는 메시지나 콘텐츠를 전부 다르게 구성한다.
3. 즉, '자동차 대출 상환'을 검색해서 들어왔으면 민트닷컴을 자동차 대출 상환 목적으로 활용할 수 있는 방법을 알려주고, '신용카드 관리'를 검색해서 들어왔으면 신용카드 관리에 민트닷컴을 활용할 수 있는 방법을 보여준다.

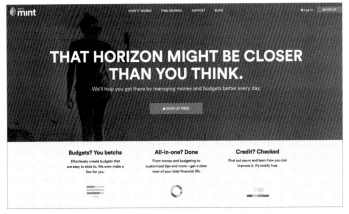

▲ 민트닷컴 홈페이지

4. 사용자들이 관심있었던 키워드에 대한 정보가 메인 화면에 노출되고 있으므로 회원 가입 비율을 크게 상승시킬 수 있다.

사실 이 방법은 현재 구글 등이 사용자들의 개인화된 검색 결과 정보를 '개인 정보'로 취급하여, 웹사이트에 제공하지 않는 것으로 정책을 바꾸는 바람에 직접적으로 응용하는 것은 어렵게 되었다. 구글 어낼리틱스 상에서 '채널 – 검색-키워드'를 확인했을 때not provided로 표시되는 정보들이 모두 이에 해당하는 것들이다.

	Keyword	Visits ↓	Pages/Visit
☐ 1.	(not provided)		
☐ 2.			
☐ 3.			
☐ 4.			
☐ 5.			

▲ 구글 어낼리틱스에서 급격하게 많아진 'not provided' 항목. 대부분 'not provided'가 1위를 차지하고 있음

　이에 대해 데이터 분석을 담당자들이 어떻게 대처해야 할지에 대해 명확한 대응 전략이 나오지는 않았지만, 아직도 응용할 수 있는 부분은 많이 있다. 예를 들어 페이스북 등을 통해 콘텐츠 마케팅을 진행했을 때, 콘텐츠 마케팅 주제에 따라 메인 및 주요 화면 정보를 다르게 표시하는 방법 등을 생각해 볼 수 있다.

　이 책의 가장 첫 부분에서도 이야기했지만, 그로스 해킹의 사례를 접했을 때의 올바른 마음가짐은 그것을 그대로 차용하는 것이 아니다. 현재 자신이 처한 상황에 맞게 적절히 변형해서 사용하는 것이다. '감'에 의존하는 것이 일반적인 '콘텐츠 마케팅'도 이렇게 측정 가능한 형태로 만들 수 있다는 것이 키스메트릭과 민트닷컴 사례다. 이를 통해 우리가 현재 행하고 있는 많은 '감'에 의존하는 활동들의 정확성을 높일 수 있는 방법을 고민해 보아야 할 것이다.

CHAPTER 13

그로스 해킹 사례 : 하우투메리 웨딩북 예비신부용 커뮤니티 활성화 사례

2015년 출시한 웨딩북(Weddingbook, app.wdgbook.com)은 결혼을 준비하는 예비신부들이 모여 상부상조하며 정보를 교류하는 커뮤니티 서비스다. 보통의 예비부부들은 결혼 준비를 시작하기 전까지 결혼 준비 과정의 복잡함과 어려움을 알지 못한다. 상견례를 하고 나서야 가장 최근에 결혼한 친구를 붙잡고 뭐부터 해야하냐고 물으며 그 어려움을 느끼기 시작한다. 웨딩북은 결혼 준비 중인 신부들이 모여 같은 시기, 같은 업체의 신부들을 만나고 정보를 교류할 수 있도록 돕는다.

웨딩북 서비스의 타겟고객은 상견례를 마치고 웨딩홀을 알아보는 본격적으로 결혼 준비 여성이다. 국내에서 한 해 결혼하는 부부는 30만쌍으로, 맛집 서비스나 직장인 서비스와 같은 서비스에 비교하면 확보할 수 있는 고객 수 자체가 크지 않다. 다만 구매력이 높은 사람들이다.

다른 타겟보다 예비신부만 타겟했을 때 모일 수 있는 트래픽이 한계가 있다 보니 예비신부만 모여있는 커뮤니티를 활성화하기가 쉽지 않다. 보통 온라인 커뮤니티는 수만~수십만 명의 사람들이 접속해서 활성화된다. 이미 활성화된 커뮤니티를 본 적이 있지만 몇 명 되지 않은 사용자와 커뮤니티를 태동시키려니 처음엔 막막했다. 주어진 사용자들의 참여율을 극대화해야 했다.

▲ 웨딩북 주별 커뮤니티 활성화 지표

제일 먼저 한 일은 커뮤니티를 이용 중인 예비신부 대상으로 인터뷰를 진행했다. 인기 커뮤니티에 머무르는 이유를 묻자 사람들의 한결 같은 대답은 '사람이 많아서', '정보가 많아서' 였다. 당연한 대답이다. 사용자 인터뷰를 통해서 사람과 정보가 아직 많지 않은 웨딩북 커뮤니티를 붐업시킬 수 있는 방법들을 나열해 보았다. 커뮤니티에 사람이 많다는 신호를 주는 장치에는 누적 가입자 수 표시, 조회 수, 댓글 수, 밀집된 인터페이스 등이 있지만 가장 중요한 것은 커뮤니티에 글이 올라오는 정도(속도)였다. 사용자가 아직 몇백 명 내외인 상태에서 사용자 수나 조회 수를 표시하는 것은 오히려 우리에게 득일 것이 없었다. 인터뷰 결과 빽빽

이 나열된 형태의 게시판이 그렇지 않은 게시판보다 더 활성화되었다고 보았다.

▲ 웨딩북 v1.0 한마디방(커뮤니티) 트위터식 타임라인

　초창기 DAUDaily active user가 100명일 때는 하루에 글이 3건에서 5건이 올라왔다. 이건 누가 봐도 죽은 커뮤니티처럼 보였고, 아무도 없는 듯한 커뮤니티라 이조차도 쓰지 않게 될 것이 뻔히 보였다. 커뮤니티를 UI 일반적인 카페 게시판이나 페이스북 타임라인 형태가 아니라 트위터식으로 변경했다. 댓글이 트위터에서 리트윗을 하듯 본문글처럼 타임라인에 노출되었다. 타임라인에 새 글이 30건 노출되기 시작했다. 같은 양의 본문과 댓글인데 새 글이 올라오는 정도는 좀 더 많아 보였다. 작은 변화지만 글에 참여

하는 사람이 하나, 둘 늘고 있었고 GA로 페이지 뷰를 확인해보면 '눈팅'하는 사람도 늘고 있었다.

본격적으로 마케팅을 시작하고 DAU가 1,000명 정도로 늘어나면서 트위터식 타임라인의 불편함이 본문 중심의 게시판보다 새 글이 더 많아 보이는 효과를 넘어섰다. 월마다 진행하는 설문조사에 본문과 댓글이 혼재되어 정신이 없다는 사용자들의 의견이 10번이 넘게 언급되었다. 인터페이스 개선이 시급했다. 그래서 본문 중심의 가장 일반적인 형태의 타임라인으로 UI를 변경했다.

하루에 30건 내외의 본문이 쌓이고 있었다. 글 작성 시점에는 '30분 전', '1시간 전'이라는 표시가 많았다. 댓글은 본문 평균 2.5개 정도가 달렸다. 가장 자주 올라오는 글은 '결혼 준비 뭐부터 해야할까요?' '보통 예산은 어느정도로 잡나요?'와 같은 질문 혹은 시댁과 예비신랑과의 고민에 대한 글이었다. 하지만 여전히 활성화된 커뮤니티로 보기엔 어려움이 많았다. '눈팅만 하는 사람'들도 여전히 많았다. 피드백에도 '별로 볼 것이 없어서 사용하지 않아요.', '사용자들이 별로 없는 것 같아서 굳이 여기에 물어볼 필요는 없을 것 같아요.'라는 얘기가 나왔다.

한 달에 결혼하는 예비부부는 평균 3만쌍 내외다. 결혼 준비단계까지 고려하면 잠재적인 고객 수는 높지만 신규 일 가입자 300명, 일일 2,000명은 충분히 많은 예비신부가 들어오고 있었다. 하지만 여전히 커뮤니티는 새 글은 30개 내외였고, 볼거리가 없다고 나가거나 결혼 준비의 특수성상 이조차도 결혼 준비에 도움이 될까 머무르는 사람들이 있었다. 영업팀에서도 굳이 이런 곳에 업체 정보를 등록할 필요가 있느냐는 답변을 듣고 왔다고 했다. 충분히 많은 예비 신부들이 모이고 있었지만 대부분은 콘텐츠를 소비할 분 자신을 드러내지 않았고, 결혼준비 사업자들에게도 우리의 가입자니 DAU 숫자가 뜬 구름 같은 숫자로 느꼈다.

우리는 사용자를 조금 귀찮게 하더라도 글을 1개씩 쓰도록 만들기로 했다. 글을 N번 째 보고 나면 글을 읽을 때마다 '글을 1개 이상 남기면 이 안내창이 사라집니다.'라는 팝업이 띄우며 테스트할 수 있도록 개발했다. A/B테스트를 하기 위해 한 사용자 그룹에는 5번 글을 읽은 후부터 팝업이 뜨기로 했고, 한 사용자 그룹은 15번째부터 안내 팝업이 뜨기로 했다. 효과는 확실히 있었고 두 경우에 차이는 없었다. 사람들이 안내 팝업이 귀찮았는지 글을 쓰기 시작했다. 접속 수 대비 글 작성 비율이 1.2%에서 3.2%로 증가했다. 효과가 있었다. 그런데 내용이 문제였다. 30%의 글은 이런 내용이었다. "아 볼 것도 없는데 왜 이렇게 글을 쓰라는 거야 짜증나게.", "글 입니다."

사용자의 짜증스런 피드백에 나도 짜증이 났다. "어차피 욕먹는거 처음부터 팝업 띄웁시다. 테스트 세팅 '0'번째 글 본 후로 팝업 뜨도록 바꿔주세요." 결과는 팝업을 보고 쓴 글 중 짜증이 섞인 글이 30%에서 20%로 줄었다. 왜 였을까? 자유롭게 글을 열람하다가 갑자기 생긴 팝업은 사용자에게 더 큰 짜증을 유발시켰다. 나중에 확인해보니 서비스 이탈률도 훨씬 높았다. 설문조사를 진행했는데 모든 글을 읽을 때마다 글을 쓰라는 안내 팝업이 뜨는 것을 본 신규 가입자는 이 커뮤니티가 원래 그런 룰을 가진 곳으로 생각하고 있었다.

사용자를 불편하게 하는 게 우리도 불편했지만 새 글이 늘자 커뮤니티는 사용률이 늘고, 새 글을 쓰는 사람들도 늘었다. 많은 사람들이 이용하고 있다는 느낌이 들기 조금씩 들기 시작했다. 중간에 글을 쓰라는 안내 팝업보다 처음부터 안내 팝업일 때 사용자의 거부감이 덜 하다는 것을 배운 우리는 글을 쓰도록 하는 좀 더 익숙한 명분을 적용하기로 했다. 회원 등급이다. 우리는 멘트를 '글을 1개 이상 남기면 이 안내창이 사라집니다.' 대신에 '현재는 방문 회원입니다. 새싹 회원이 되면 이 안내창이 사라집니다. (새싹회원 조건 : 글 1개 이상)'으로 바꿨다.

결과는 성공적이었다. 짜증스러운 글이 거의 사라졌다. 사용자들은 커뮤니티의 운영 규칙으로 받아들이고 있었다. 카페와 같은 커뮤니티에서 쓰는 일방적인 방식이기도 했다. (대신에 "등업해주세요"가 등장했다.) 만드는 우리도 불편함을 주고 있다는 생각 대신에 커뮤니티 등급제를 운영 중인 것으로 바뀌었다. 새 글이 늘어나자 등업을 위한 성의 없는 글들이 등장했다. 팝업 하단에 작게 멘트를 추가했다. '현재는 방문 회원입니다. 새싹 회원이 되면 이 안내창이 사라집니다. (새싹 회원 조건 : 글 1개 이상) ※ 단, 무성의한 글을 올리면 등업이 취소됩니다.' 이런 문구로 무성의한 글이 줄어들었다. 점점 사람들은 규칙을 잘 따라주었다.

등업 조건을 글 1개로 할지, 댓글 1개로 할지 테스트를 한 적도 있다. 댓글이 작성하는데 장벽이 더 낮기도 하고 새 글 보다 댓글이 많이 달린 글들을 보며 '내 글에도 댓글이 많이 달리겠군' 하고 글을 쓰는 동기가 될 수도 있기 때문이다. 그래서 A/B테스트로 등업 조건을 글 1개인 것과 글 1개 혹은 댓글 1개 두 가지로 진행했다. 결과는 글 1개 혹은 댓글 1개로 택1하는 조건이 댓글 1개일 때보다 글 수가 70%로 정도로 줄어들었다. 글 1개 혹은 댓글 1개일 경우 대부분의 사용자는 댓글 1개를 남기는 것을 선택했고, 새 글이 줄자 사용자가 댓글을 달만한 글 조차 줄어들어 참여가 더 줄어들었다. 그래서 첫 가입의 등업조건은 글 1개로 정해졌다.

시간이 흐르면서 등업 조건의 선순환을 일으켜 효과는 기대보다 배가 되었다. 많은 사람들이 새로운 정보를 나누고 새로운 고민을 나누자 등업을 위해서가 아니어도 먼저 새 글과 댓글을 쓰고 참여하기 시작했다. 영업팀에서는 활성화된 커뮤니티를 보면 웨딩업체 사장님들이 본인들도 업체 등록을 하고 싶다고 하면서 영업이 수월해졌다고 말한다. 등업 조건은 여전히 유지되고 있다. 새 글이 올라오는 속도라는 지표를 개선하기 위해서 찾은 방법이다. 이 방법은 예비신부보다 타겟 대상이 더 크거나 트래픽이 더 높은 경우엔 유효한 방법이 아니다. 그런 경우는 획득에 더 집중을 하면 된다. 우리는 획득을 하는데 한계치가 명확했고 주어진 트래픽에서 활성화를 시키는 방법으로 찾은 것이다.

이제는 새 글이 올라오는 속도가 핵심 지표는 아니다. 커뮤니티에 또 너무 많은 글이 빠른 속도로 올라오면 많은 글이 다른 사용자에게 관심도 받지 못하고 사라진다. 적절히 커뮤니티의 주제를 분류하고 예비신부끼리 서로 더 도와가는 분위기를 만드는 걸 노력하고 있다. 스타트업의 조직문화를 만드는 것처럼 운영자가 서비스의 운영방침을 알리고 사용자와 함께 상부상조하는 분위기를 만들어가고 있다.

최근에는 이런 글이 올라왔다. '결혼 10일된 새댁입니다.^^ 3월 말에 날이 잡히고 식장예약, 스드메, 신행예약 등등 지난 5개월간의 준비기간이 주마등처럼 지나가네요…. 중략 저는 앞으로도 웨딩북을 떠나지 않고 결혼 준비 때문에 고민하시는 분들을 응원하려고 해요. -하얀하늘' 예비 신부로 커뮤니티에 많은 도움을 받은 사용자가 새댁이 되어서도 예비신부들의 고민과 질문을 살피며 도움을 주고 싶다는 글이었다. 좋은 선순환이 시작될 것 같은 신호라고 생각한다. 결혼을 마치고 나면 서비스를 떠나던 사용자들이 도움을 받은 만큼 도움을 주기 위해 결혼을 마치고도 커뮤니티에 남기 시작했다.

일반적으로 결혼준비 기간은 인생에서 단 6개월에서 1년 정도.

딱 이 시기의 예비신부가 웨딩북 서비스와 인연 맺는 것은 쉽지가 않다. (그래서 마케팅이 어렵고 획득 비용도 크다.) 하지만 이 시장이야말로 구전효과가 크다. 여성들이 비슷한 시기에 결혼하는 것도 그 이유고 맨 첫 문단에 언급했듯이 결혼준비를 시작한 신부는 가장 최근에 결혼한 친구를 붙잡고 뭐부터 해야하냐고 묻기 때문이다. 이 모든 것을 지표로 측정할 수 없지만 사용자에게 좋은 서비스를 만들어가면 절로 신부들이 우리 서비스를 친구에게 소개할 것이라고 믿으며 만들어가고 있다. 왕왕 앱 스토어 리뷰에 '결혼한 친구 소개로 가입했는데요…'가 올라오면 제대로 서비스를 만들어 가고 있는 것 같아 기쁘다.

기고자와 회사 소개
- **이수지** : 연세대학교 재학 중 2012년에 좋을 호에 IT를 합쳐 호잇이라는 뜻을 가진 주식회사 호잇을 창업하고 커플들의 버킷 리스트 서비스를 만들었습니다. 2015년부터 하우투메리에서 예비신부를 위한 커뮤니티 서비스를 만들고 운영하고 있습니다.
- **하우투메리** : 전세계 결혼시장의 공통된 문제를 IT로 밑바닥부터 풀고 있는 회사입니다. 웨딩 사업자들의 ERP 시스템을 제공하고 있으며, 예비부부들의 결혼준비를 돕는 웨딩북 서비스 만들고 있습니다.

해당 사례는 '하우투메리'에게서 직접 제공 받았습니다.

CHAPTER 14

그로스 해킹 사례 :
무엇을 측정할 것인가? –
하이테일과 징가

앞서 '그로스 해킹 시작하기' 장에서 J 커브 성장을 달성하기 위해서는 우선 허상적 지표가 아니라 행동적 지표에 초점을 맞추어야 한다는 것을 언급했다.

- 허상적 지표 : 전체 페이지 뷰, 전체 방문자, 인당 평균 매출 등
- 행동적 지표 : 사용자 유입 경로, 사용자 유입 경로별 회원 가입 비율, 각 단계별 이탈률 등

이렇게 허상적 지표에서 행동적 지표로 넘어가는 것은 중요한 변화이지만, 행동적 지표 역시 궁극적인 것은 아니다. 행동적 지표를 통해 우리 제품을 개선해 나가면서 최종적으로 우리가 최종적으로 발견해야 하는 것은, '무엇이 우리 제품을 처음 접한 사용자들을 진짜 우리 고객으로 만드는지를 보여주는 지표'다.

이 것으로 가장 유명한 것이 페이스북의 '7명의 친구를 10일 안에7 Friends in 10 Days[1]'다. 페이스북에서 성장을 담당하는 팀은 어

---

[1] How Chamath Palihapitiya put Facebook on the path to 1 billion users
https://ryangum.com/chamath-palihapitiya-how-we-put-facebook-on-the-path-to-1-billion-users/

떤 사용자가 페이스북을 처음 접하고 10일 안에 7명 이상의 친구를 맺으면, 그 사용자는 페이스북의 가치를 깨닫고 계속 페이스북을 사용하게 된다는 것을 발견한다. 그리고 그 목표를 단순한 문장으로 제시한다. 이런 문장은 아주 쉽게 표현될수록 좋은데, 회사의 제품에 관여하는 모든 사람들이 쉽게 이해하고 실천에 옮기는 것에 집중할 수 있도록 하기 위함이다.

이런 지표를 발견하는 방법에는 안타깝게도 정답은 없다. 우리는 모두 사용자들에게 서로 다른 가치를 가진 제품을 만들고 있기 때문이다. 우리 제품에 충성 고객으로 남은 사용자와 그렇지 않은 사용자 간에 어떤 차이가 있는지 끊임없이 비교하면서 찾아가는 수밖에 없다. 이런 끝없는 과정에 조금이나마 도움이 될 수 있도록 아래 두 사례를 소개하려고 한다.

'하이테일'의 사례

하이테일(Hightail, https://www.hightail.com/)[2]은 사용자들이 온라인 상에서 다양한 종류의 파일을 보내고 받고, 협업할 수 있는 제품이다.

---

2) 초창기 명칭은 YouSendIt

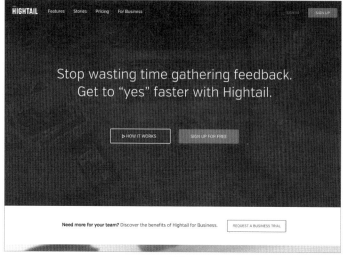

▲ 하이테일

대부분의 SaaS 제품들이 그렇듯이, 그들의 서비스 초창기 역시 아주 소수의 사용자들 밖에 없었다. 이 시기에 하이테일은 당연하게도 '사용자 활성화' 즉, 회원 가입에 초점을 맞추었다. 다른 수치를 들여다 보기에는 수치가 적었기 때문에, 일단 들어온 사용자를 회원으로 전환시키는 것에 초점을 맞춘 것이다. 이 수치에 주목하고 개선하기 위해서 노력하면, 제품이 사용자들에게 맞는 형태로 다듬어질 수 있기 때문에 서비스 초창기에 아주 좋은 전략이다.

하이테일 팀은, 그 다음에는 '순 유료 가입자'에 초점을 맞추었다. 현재 SaaS 제품들은 보통 기본 기능은 무료로 제공하고, 더 큰 용량이나 고급 기능을 사용하려고 하면 과금을 하는 형태로 돈을 번다. 따라서 '유료 가입자가 얼마나 증가 했는지'를 판단할 수 있는 이 지표는 모든 SaaS 팀에서 주목해야 하는 지표이다.

- (순 유료 가입자)=(기간 내 유료 전환한 사용자 수) – (기간 내 유료 계정을 취소한 사용자 수)

이 지표는 회사의 매출과도 직접적으로 연결되는 지표이다. 앞서 배웠던 깔때기 분석을 생각해보자. 충분한 사용자들의 제품의 기본 가치에 대해서 이해하고 '활성화'가 되었다면 그 다음은 '매출' 부분을 개선해야 하는데, SaaS 제품의 경우 '정기 구독' 모델이 많다. 따라서 단순히 무료 사용자가 유료 사용자로 얼마나 전환 되었는지를 측정하는 것보다는, 유료 사용자 중 구독을 취소한 사용자들까지 고려한 '순 유료 가입자'가 제품 특성에 더 맞는 지표일 것이다.

'순 유료 가입자' 단계를 최적화한 다음에 하이테일 팀은 '하나의 파일에 대해서 얼마나 많은 공유가 일어나는지'를 측정했다. 앞서 언급한 유명한 핫메일의 사례에서처럼, 하이테일 사용자로부터 파일을 공유 받는 사람은 하이테일의 고객이 될 가능성이 아주 높은 사람이다. 따라서 한 사람으로부터 얼마나 많은 파일들이 공유되는지를 측정하고, 더 많이 공유 되도록 제품을 개선해 나가는 것은 하이테일 제품 특성에 맞는 깔때기 분석의 '추천' 단계의 지표라고 볼 수 있다.

징가의 사례

소셜 게임 산업의 대표 기업 징가(Zynga, https://www.zynga.
com) 역시 수많은 사례가 알려져 있지만, 여기에서는 '제품 특성
에 맞는 고유한 지표'라는 측면에서 살펴보고자 한다.

▲ 징가

징가의 성장 담당 조직은 우선 징가의 모든 사용자를 아래 세
가지로 분류한다.

- NUR - New UseRs : 한 번도 게임을 설치하거나 플레이한 적

인 없는, 표현 그대로 새 사용자

- CUR – CUrrent Returning users who has no engagement : 게임을 설치하고 플레이도 했지만, 아직 다른 사용자들과의 교류는 없는 사용자
- RUR – Returning UseRs : 지속적으로 게임을 플레이 하는 사용자

단순히 사용자들을 새 사용자와 재방문 사용자로 구분한 것이 아니라 재방문 사용자들을 다른 특성에 맞게 구분한 것이다. 징가가 한참 성장을 시작하려던 시기 CUR에 해당하는 사용자가 무려 50%에 달했고, 당연하게도 징가의 성장을 담당하는 팀의 목표는 CUR에 해당하는 사용자들을 RUR로 바꾸는 것이었다. CUR에 해당하는 사용자들은 처음 게임을 플레이하고 3~4일 만에 다시 돌아와서 다시 한 번 해보는 경향이 있었는데, 이 때 사용자들을 계속 방문하도록 만들지 못하면 CUR 사용자들은 이탈하게 될 것이라는 것은 충분히 예상할 수 있는 결과다.

다양항 분석을 통해 징가의 성장 담당 조직이 찾아낸 CUR 사용자들을 RUR 사용자로 전환하는 방법은 다음과 같았다.

- "Hitting the 3rd Game in 7 Days(7일 안에 3번째 게임을 플레이 하도록 한다)"

해당 게임을 플레이 하고 있는 그 사용자의 친구를 보여주건, 알림 메일을 사용하건, 그 어떤 방법을 동원하건 간에 7일 안에 세

번째 게임을 플레이하도록 만드는데 성공하면, 그 사용자는 징가의 게임을 계속 플레이하게 될 가능성이 급격하게 높아진다는 것을 발견한 것이다. 당연히 징가의 성장 담당 팀은 이 발견한 사실을 토대로 다양한 성장 프로젝트들을 진행한다.

우리가 가장 먼저 달성해야 하는 것은 허상적 지표에서 행동적 지표로의 관점 전환이다. 이런 전환이 이루어진 다음에는 궁극적으로는 우리 제품만의 행동적 지표를 발견하는 일에 초점을 맞추어야 한다. 하이테일처럼 각 단계에 맞춰서 집중적으로 개선하는 지표를 바꾸어 가는 방법도 있고, 징가처럼 우리 제품의 가치를 완전히 받아들인 사용자와 그렇지 못한 사용자 간의 차이에 집중하는 방법도 있다. 선택은 온전히 각 제품을 만들어가고 있는 우리의 몫이다.

Appendix 1

이메일 마케팅

뉴스레터 구독자 늘리기

이메일 자체에 구독자를 늘릴 수 있는 장치를 내재시키면 구독자를 자연스럽게 늘릴 수 있다.

1. 공유용 콘텐츠

이메일은 다른 사람에게 전달forwarding 할 수 있다. 하지만 이메일 뉴스레터의 확산을 위해 전달만으로는 부족하다. 요즘 대부분의 정보는 소셜미디어를 통해 확산된다. 이메일도 소셜미디어를 통해 확산될 수 있어야 한다. 이를 위해 발송하는 이메일과 별도로 개방된 공간에 게시하는 공유용 콘텐츠가 필요하다. 스티비 뉴스레터는 미디엄(Medium, medium.com/@stibee)에 공유용 콘텐츠를 게시하고 있다.

2. 다양한 채널 활용

공유용 콘텐츠를 발행하면 이메일 외의 다른 채널을 활용할 수 있다. 공유용 콘텐츠를 다양한 채널로 확산시킨다. 스티비 뉴스레터는 미디엄에 게시한 공유용 콘텐츠를 페이스북과 트위터에도 발행한다.

3. 구독하기 링크 삽입

공유되는 이메일을 통해 결국 이루고자 하는 것은 구독자 증대이다. 공유되는 이메일을 본 사람이 구독할 수 있도록, 공유되는 이메일에는 구독하기 링크를 삽입한다. 원본 이메일은 이미 구독한 사람이 보는 경우가 대부분이기 때문에 구독하기 링크가 필요 없지만, 공유되는 이메일은 구독하지 않은 사람이 보는 경우가 대부분이기 때문에 구독하기 링크가 필요하다.

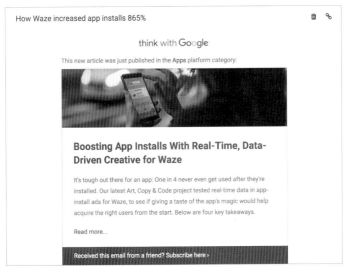

▲ 이메일 하단에 구독하기 링크를 삽입한 'think with Google'의 뉴스레터

오픈율 높이기

제목과 미리보기 텍스트를 적절히 활용하면 오픈율을 높일 수

있다. 이것을 받은편지함 전략inbox strategy이라고 한다.

1. 제목에 이모지emoji 사용하기

이메일 제목은 기본적으로 텍스트로만 구성할 수 있다. 그래서 짧지만 강렬한 문장을 쓰는 것이 매우 중요하다. 하지만 아무리 문장을 잘 써도 이미지보다 짧고 강렬하기는 어렵다. 이메일 제목에 이미지를 표시할 수 있다면 어떨까? 이모지emoji를 사용하면 가능하다. 이모지를 사용하면 이메일 제목을 더욱 매력적으로 만들 수 있다.

제목에 이모지가 포함된 경우 평균보다 최대 65% 높았다는 테스트 결과가 있다. 다만 이 테스트에서는 이모지의 종류에 따라 차이가 있고, 오히려 평균보다 오픈율이 낮아진 경우도 있다(출처: Econsultancy).

이모지는 아직 몇 가지 문제를 가지고 있다. 최근의 표준화 노력에도 불구하고, 아직 실제 사용 환경에서 완전히 표준화 된 것은 아니다. 디바이스 또는 이메일 서비스에 따라 이모지가 다르게 표시될 수도 있고, 아예 표시되지 않을 수도 있다.

디바이스 및 이메일 서비스에 따른 이모지 표시 비교

	데스크톱(Windows)	모바일(iOS)
네이버	(광고) [스티비] 📧이메일, 모바일에서 더 많이 열어볼까요?	(광고) [스티비] 📧이메일, 모바일에서 더 많이 열어볼까요?
다음	(광고) [스티비]	(광고) [스티비]
Gmail	(광고) [스티비] 📧이메일, 모바일에서 더 많이 열어볼까요?	(광고) [스티비] 📧이메일, 모바일에서 더 많이 열어볼까요?

▲ 디바이스 및 이메일 서비스에 따른 이모지 표시 비교

모든 구독자를 만족시킬 수는 없다. 구독자의 이메일 사용 환경을 확인해보고, 이모지를 지원하는 이메일 사용 환경을 가진 구독자가 충분히 많다면 이모지 사용을 검토해볼 수 있을 것이다.

겟이모지(Get Emoji, getemoji.com)는 다양한 사용 환경에서 표시되는 이모지를 제공한다. 마음에 드는 이모지를 복사한 뒤, 이메일 제목 입력 필드에 붙여넣기만 하면 된다. 구독자에 따라 이모지가 다르게 표시될 수 있다는 점을 잊지 말아야 한다.

무엇보다 중요한 것은 직접 테스트해보는 것이다. 이모지를 사용하면 어떤 변화가 생기는지, 어떤 이모지가 효과가 있는지, 구독자의 성향을 직접 파악해보자.

2. 미리보기 텍스트

이메일 뉴스레터의 첫 인상을 결정하는 것은 제목 뿐만이 아니다. 제목과 함께 표시되는 미리보기 텍스트도 큰 영향을 준다. 제대로 활용하면 오픈율을 높일 수 있다. 이메일 제목과 함께 본문의 일부 내용을 보여주는 미리보기 텍스트가 표시된다. 사용 환경에 따라 표시되지 않는 경우도 있다. 이메일을 읽는 환경, 제목의 길이에 따라 차이는 있지만 한글 기준으로 20 – 40자가 표시된다. 미리보기 텍스트가 이메일의 첫 인상을 결정하는 중요한 요소임에도 제대로 활용하지 못하고 있는 이메일이 많다. 미리보기 텍스트에 "이 메일주소는 발신전용 주소입니다. 회신이 불가능합니다.", "모바일 버전 보기" 등이 표시되는 것을 종종 볼 수 있다. 수신 거부 안내 문구가 표시되는 경우도 있다. 미리보기 텍스트를 제대로 활용하는 가장 쉬운 방법은 첫 단락에 제목과 어울리는 적절한 문구를 배치하는 것이다. 하지만 본문 디자인이나 내용 때문에 이런 방법을 고려하기 어려운 경우도 있다. 이런 경우 숨겨진 미리보기 텍스트를 사용하면 본문 디자인, 내용을 해치지 않고 미리보기 텍스트를 만들 수 있다.

▲ 숨겨진 미리보기 텍스트는 미리보기 영역에는 표시되지만 이메일 본문에는 표시되지 않는다.

▲ 롯데닷컴 뉴스레터의 미리보기 텍스트

3. 다른 채널 활용하기

조금 색다른 접근 방법이다. 페이스북의 맞춤 타겟Custom Audiences 광고에서는 구독자 이메일주소를 활용해 페이스북 사용자를 찾아볼 수 있다. 아래는 특정 이메일의 수신자들에게만 맞춤 타겟 광고를 집행한 사례이다.

▲ 타일(tyle)의 페이스북 광고

클릭률 높이기

이메일을 오픈만 했다고 인게이지먼트engagement가 일어났다고 하기는 어렵다. 클릭을 해서 랜딩페이지에 방문하도록 해야 최소한의 인게이지먼트가 일어났다고 할 수 있다.

1. 움직이는 GIF 활용하기

이메일 본문에서 구독자의 관심을 끌기 위해서는 글자 뿐만 아니라 이미지, 동영상 등 다양한 미디어의 활용이 필요하다. 글자로만 이루어진 콘텐츠는 시선을 끌기 어렵고 눈이 쉽게 피로해지기 때문이다. 움직임이 없는 이미지는 시선을 끄는데 효과적이지 못하고, 표현할 수 있는 내용에도 한계가 있다. 동영상을 사용할 수 있다면 좋겠지만 이메일의 기술적인 제약으로 사용할 수 없다. 이를 대체할 수 있는 것이 움직이는 GIFAnimated GIF이다.

움직이는 GIF를 사용하면 동영상 못지않게 구독자의 관심을 끌 수 있다. 한 테스트에 따르면 버튼에 움직이는 GIF를 사용하면 정적인 이미지를 사용할 때보다 클릭률을 26% 상승시킬 수 있다 (출처: Campaign Monitor). 하지만 움직이는 GIF를 무분별하게 사용하면 오히려 눈을 피곤하게 만들 수 있고 이메일의 용량이 급격히 증가한다. 따라서 강조하고 싶은 내용에만 적절한 수준으로 사용할 필요가 있다.

(1) 동영상 미리보기

힐러리 클린턴(Hillary Clinton, hillaryclinton.com)의 대선 캠페인 이메일이다. 동영상 썸네일 이미지를 움직이는 GIF로 만들어 동영상 미리보기처럼 보이게 했다.

Friend --

Here at Hillary for America, we know that moms are some of the strongest people around.

If there's a mom in your life who loves Hillary, share this video -- there's some rare footage of Hillary as a little girl we think she'll love! -- and tell her "Happy Mother's Day" from us, too.

https://www.hillaryclinton.com/happy-mothers-day

Thanks,

Hillary for America

DONATE →

▲ 힐러리 클린턴의 대선 캠페인 이메일

(2) 인터랙션

디자인 뉴스를 매일 보내주는 패스트 컴퍼니 디자인(Fast Company Design, fastcodesign.com)의 뉴스레터이다. 움직이는 GIF는 인터랙션을 표현할 때 큰 도움이 된다.

▲ 패스트 컴퍼니 디자인의 데일리 이메일

(3) 환영 인사

온라인 양식을 쉽게 만들 수 있는 서비스 타입폼(Typeform, typeform.com)에 가입하면 받게 되는 이메일이다. 환영하는 마음을 표현할 때는 딱딱한 글보다는 한 장의 사진이, 한 장의 사진보다는 움직이는 사진이 좋다.

Success at your fingertips

We're here to help you Ask Awesomely!

Get started by visiting our Help Center, where you can learn how to build your first typeform, make it beautify and much more.

Visit the Help Center

Happy typeforming!
Typeform Customer Success Team

P.S: Loving Typeform? Share your love with #AskAwesomely

▲ 타입폼의 가입 환영 이메일

2. 모바일 앱 화면처럼 디자인하기

모바일 앱을 자주 사용하는 사람에게는 이메일보다 앱 화면이 익숙할 것이다. 힐러리 클린턴 대선 캠프는 힐러리와의 저녁 식사 이벤트 참여를 요청하는 이메일 본문을 마치 식당 예약 앱 화면처

럼 디자인했다. 평소 앱 화면이 익숙한 사람이라면 클릭할 확률이
더 높았을 것이다.

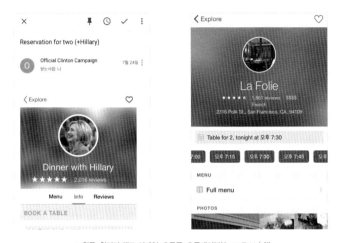

▲ 왼쪽: 힐러리 캠프 이메일, 오른쪽: 오픈테이블(Open Table) 앱

리텐션(retention) 유도하기

개인화와 가벼운 질문을 통해 리텐션을 유도할 수 있다.

1. 개인화

에어비앤비(AirBnB, airbnb.com)에서는 이메일을 효과적으로 개
인화하는 방법을 찾고 있다. 그 중 한 가지 예로, 사용자가 좋아할
만한 숙소를 추천하는 이메일에 대한 테스트를 진행했는데, 의미
있는 결과를 얻을 수 있었다.

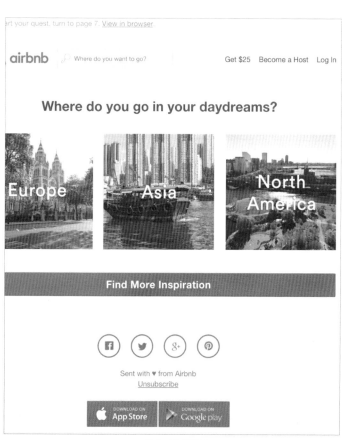

▲ 1단계: 지역 선택하기

처음 발송하는 이메일의 제목은 "당신의 모험을 선택하세요 Choose your adventure"이다. 어떤 걸 클릭하는지에 따라 두 번째 이메일의 제목과 내용이 달라지는데, 예를 들어 "유럽"을 선택했다면, 두 번째 이메일은 유럽에 대한 내용으로 채워지고 제목은 "유럽에서의 모험이 당신을 기다립니다Your adventure in Europe awaits"가 된다.

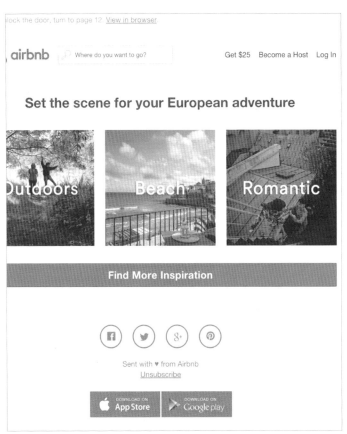

▲ 2단계: 관심 주제 선택하기

pen the treasure chest, turn to page 20. View in browser

airbnb　　Where do you want to go?　　　　　Get $25　Become a Host　Log In

Every adventurer needs a hideout

Find More Hideaways

▲ 3단계: 숙소 선택하기

다시 어떤 걸 클릭하는지에 따라 이어지는 이메일의 내용도 달라진다. 두 번째 이메일에서 "낭만"을 클릭했다면, 세 번째 이메일의 제목은 "유럽에서의 낭만적인 모험을 즐길 준비가 되셨나Ready to embark on your romantic adventure in Europe?"가 된다.

2. 가벼운 질문 던지기

에어비앤비의 사용 경험을 있는 그대로 전달하기 위해 가장 좋은 방법 중 하나는 사용자의 콘텐츠를 활용하는 것인데, 사용자들이 올린 인스타그램 사진을 보여주는 이메일을 보내기도 한다.

아래 이메일의 제목은 "우리는 이렇게 아침을 맞이합니다"이다. 매력적인 사진을 통해 활동이 적은 사용자의 반응을 이끌어내려는 목적이다. 3장의 인스타그램 사진이 바로 그 역할을 했다. 사용자의 참여를 이끌어내는 또다른 방법은 사용자가 올린 사진과 함께 "여긴 어딜까요?"와 같은 가벼운 질문을 던지는 것이다.

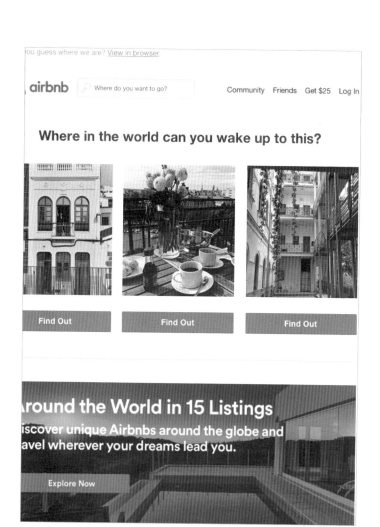

▲ 사용자의 콘텐츠(인스타그램 사진)를 활용한 이메일

airbnb   Where do you want to go?   Get $33 CAD   Become a Host   Log In

Which photo gets your double tap?

day, travelers share their epic Airbnb adventures with the world. Find your next n destination and show us with #airbnb.

Hunting for a bargain or looking for luxury?

Search for places

Would you like to receive more updates like these?

▲ "어떤 사진이 가장 마음에 드나요?"

수신거부하려는 구독자의 마음 되돌리기

이메일 마케팅 담당자 입장에서 가장 두려운 것 중 하나는 수신거부이다. 설레는 마음으로 이메일을 보냈는데 수신거부가 되돌아오면 마음이 아프다.

수신거부 링크를 삭제할 수는 없다. 정보통신망법에서 이메일을 이용하여 영리 목적의 광고성 정보를 전송할 때 전송과 관련된 정보를 명시하고 수신거부 링크를 표시하도록 규정하고 있기 때문이다.

"수신을 원치 않으시면 수신거부를 클릭하세요"처럼 딱딱하고 건조한 문구로는 아쉬운 마음을 전할 수 없다. 아쉬운 마음을 담은 부드럽고 진지한 수신거부 문구를 소개한다.

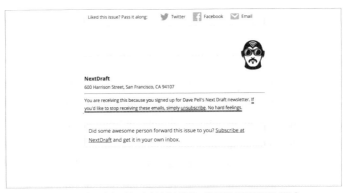

▲ "이메일을 그만 받고 싶으면, 수신거부 하세요. 서로 감정 상하지 않기로 해요."

yourself & your business.

ted.com

You received this email because you subscribed via the Hiten's SaaS Weekly site.
We'll be sorry to see you go but you can unsubscribe instantly.

13337 South St. #269, Cerritos, CA 90703, USA

©2015 Hiten's SaaS Weekly | Privacy Policy

Published with Curated ⓒ

▲ "떠나는 게 아쉽긴 하지만, 언제든 바로 수신거부 할 수 있어요."

수신거부를 확인하는 랜딩페이지에서는 더 많은 메시지를 전
달할 수 있다. 동영상을 활용하는 것도 좋은 방법이다.

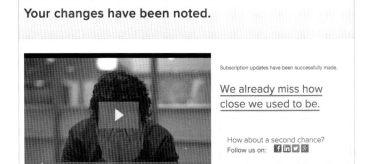

Your changes have been noted.

Subscription updates have been successfully made.

We already miss how
close we used to be.

How about a second chance?
Follow us on:

▲ "가까웠던 우리 사이가 벌써 그리워요."

기고자와 회사 소개

- **조성도** : 이메일을 20년 넘게 사용하면서 그 역사를 지켜봐 왔다. 심리학을 공부했고, 세 번의 디지털 기반 시민운동과 두 번의 창업 경험이 있다. 디자인솔루션 기업 '슬로워크'에서 이메일마케팅 서비스 '스티비' 총괄을 맡아 가장 보편적인 마케팅 채널의 미래를 연구하고, 긍정적인 변화를 만들어내고 있다.

  medium.com/@pengdo

- **슬로워크** : 조직과 사회의 변화를 돕는 디자인솔루션 기업이다. 국내 모금액 상위 45개 비영리단체 중 50%, 인지도 상위 10개 비영리단체 중 90%에게 디자인솔루션을 제공하고 있으며, 지난 10여년 간 행동을 유도하는 비영리 캠페인에 강점을 보여 왔다. 디자인 에이전시의 숙련된 경험을 바탕으로 모바일에 최적화된 이메일마케팅 서비스 '스티비(stibee.com)'를 출시했다.

  slowalk.co.kr

Appendix 2
그로스 해킹 조직 문화와 팀 구성

이 책에서 '조직 문화'라는 모호하고 이론적인 주제를 이야기하려는 것에 의문을 가지는 분이 있을 수도 있겠다. 하지만 이것은 실천적인 조직을 만들기 위해 반드시 이해하고 넘어가야 하는 주제다.

그로스 해킹 조직은 규모면에서 일반적으로 회사 내 다른 조직에 비해서 절대적인 숫자는 많지 않다. 많은 사람들이 협업한다고 해서 반드시 좋은 결과가 나오는 것도 아니고, 무엇보다 소프트웨어 기술의 발전으로 과거에 비해서 데이터 수집과 분석에 필요한 인적 자원이 현격하게 줄어든 것에 그 원인이 있다.

이런 상황이다 보니 한 명이 모든 그로스 해킹 전략을 책임지는 회사도 많고, 사람이 늘어난다고 해도 여전히 전체 회사 규모에 비하면 극히 적은 숫자다. 하지만 그로스 해킹 조직이 작은 것이 그로스 해킹 전략 수립 및 실행에 직접적인 문제가 되지는 않는다. 문제는 소수의 그로스 해킹 담당 조직이 성장에 관한 모든 문제를 알아서 해결해줄 것이라고 생각하는 것에 있다.

회사 조직은 기계 부품처럼 동작하지 않는다. 이성과 감성을 모두 가진 인간들이 모여서 탄생했으므로 비합리적인 의사 결정들이 내려지는 상황이 어쩔 수 없이 발생하게 된다. 좀 더 구체적으로 상황으로 묘사하면 이런 일들이 발생한다.

1. 그로스 해킹 조직이 데이터 분석 시스템 개발에 대한 협력을 제품 개발 부서에 요청한다. 하지만 제품 개발 부서는 항상 제품 출시 일정에 쫓기는 상황이므로, 협력 업무의 우선 순위가 계속 밀리게 된다. 그렇게 되면 그로스 해킹을 수행하기 위한 가장 기본적인 데이터도 제대로 얻지 못해서 할 수 있는 일이 매우 제한된다.

2. 그로스 해킹 조직에서 데이터 분석을 기반으로 성장에 의미 있을 것 같은 아이디어들을 도출한다. 이를 기반으로 몇 가지 진행해 볼 실험 내용을 전달하지만, 역시 위와 비슷한 이유로 실행이 늦춰진다. 실행을 한 후에도 성과 측정 프로세스가 제대로 뒤따르지 않아, 실험 결과 자체를 알 수 없게 되고 결국 모든 것이 흐지부지된다.

어떤 사람들이 모여 있더라도, 어떤 형태로든 이와 유사한 상황은 벌어질 수 밖에 없다. 이를 극복하기 위해서는 이런 문제가 반드시 발생할 수 밖에 없다는 것을 이해하고, 대처할 수 있는 방법을 미리 생각해보는 수 밖에 없다. 이런 맥락에서 이 장에서는 '그로스 해킹을 위한 조직 문화'에 대해서 이야기 해보고자 한다.

전통 제품과 ICT 제품의 태생적 차이에서 발생한 '그로스 해킹'이라는 개념

전통적인 제품과 ICT 제품의 태생적 차이를 생각해보기 위해, 인류 역사와 함께 시작된 '물'을 생각해보자. 물을 판매하기 시작한 역사가 얼마나 되었는지는 정확하게 알 수는 없지만, 한 가지 확실한 것은 전세계에 우리가 아는 것보다 훨씬 더 많은 종류의 물 브랜드가 서로 다른 차별화 전략으로 존재한다는 것이다. 몇 가지만 살펴보자.

1. 일반적인 브랜드의 물

▲ 우리가 편의점 등에서 자주 사는 페트병 생수

일반적인 물이다. 보통 가격을 비교해 보고 결정하는 경우가 많다. 비슷한 브랜드 전략을 가진 물이라면, 상대적으로 저렴한 가격의 물을 사게 될 가능성이 높다.

2. 유명인의 이미지를 통해 브랜드를 구축하는 물

유명인의 이미지를 연결하여 브랜드를 구축하는 경우가 있다. 상품을 구매하는 소비자도 그 유명인이 된 것 같은 느낌을 준다.

▲ 재니퍼 애니스톤을 광고 모델로 기용한 스마트워터

3. 자연의 이미지를 통해 브랜드를 구축하는 물

▲ '제주의 자연'을 브랜드 이미지 구축에 활용하는 삼다수

삼다수나 해양 심층수 같은 브랜드를 내세우는 물들이 여기 해당한다. 자연 이미지를 활용해서 몸에 좋을 것 같은 느낌을 준다.

4. 고가 정책으로 브랜드를 구축하는 물

▲ 엑소시아 골드(Exousia Gold), 2만4천달러

'엑소시아 골드'는 금을 통한 항산화작용으로 스트레스를 줄이고 노화방지 효과가 있다고 광고하는 물이다. 24k 순금을 이용해 물을 추출하는데 제조 과정은 비밀에 부치고 있다. 사용되는 원수는 이탈리아 지역의 한 광천수이며 엑소시아 혼합Exousia Shaking이라 불리는 증류 과정을 거쳐 비싼 생수로 탈바꿈된다. 이 물의 주요 고객은 번쩍이는 금을 좋아하는 중국과 러시아, 중동, 인도 등의 부호들이다.

▲ 필리코(Fillico), 219달러

할리우드 스타들이 많이 마시는 물 가운데 하나로 알려진 필리코의 물병은 스와로브스키 엘리먼츠Swarovski Elements가 디자인한 것으로, 체스 킹 · 퀸 모양으로 만들어졌고, 뚜껑은 금관 모양이다. 물 자체는 일본 오사카 인근의 광천수를 사용했다. 주로 할리우드 스타들이 파티 때 많이 사용하는 것으로 알려져 있는데, 이 영향을 받아 일본에서도 인기를 얻었다. 처음에는 도쿄의 리츠칼튼 호텔에서 많이 팔렸는데 특히 일본의 젊은 부유층 여성들 사이에서 이 물을 가지고 다니는 게 유행하기도 했다. 후에는 고급 술집이나 부자집 자제들의 파티 때도 많이 쓰였다. 이런 고가의 물들은 '나는 특별하다'는 인식을 가진 사람들을 대상으로 판매된다.

각기 다른 브랜드 전략에도 불구하고, 언급된 모든 물 브랜드가 제공하는 것은 H2O라는 동일한 성분이며, '목마름'이라는 동일한 문제를 해결한다. 1천원짜리 물 대신 2,500만원짜리 물을 마신다고 해서 우리가 목마름을 느끼지 않는 기간이 25,000배만큼 더 길어지지는 않는다. 다시 말해서, 실제로 물이 우리에게 제공하는 가치는 본질적으로 다를 게 없다.

그렇기 때문에, 성숙한 전통 산업에서는 '브랜드'로 대변되는 이미지 구축 전략이 필수적이며 이 때문에 '브랜딩 전문가, 광고 전문가, 홍보 전문가'처럼 제품 개발 조직과 명확하게 구분되는 역할이 생긴다. 심지어 회사 내부 인력보다 외부의 전문가 그룹들과 비정기적으로 일을 하는 것이 더 효율적인 경우가 많았기 때문에, '브랜드 컨설팅 회사, 광고 대행사, 홍보 대행사' 같은 전문 대행사Agency들이 생겼다.

이제 ICT 제품을 생각해보자. 슬랙Slack은 제품 최근 가장 각광받는 팀 커뮤니케이션 도구이다. 그런데 슬랙에, 단 한 명의 사용자만 있다면, 그 가치는 제대로 발현되지 않는다.

▲ 팀 커뮤니케이션 도구로 각광 받는 Slack

에어비앤비는 내가 게스트가 될 수도 있지만, 동시에 호스트가 되어 내 방에 손님을 받을 수도 있다. 에어비앤비 역시 게스트 혹은 호스트 한 부류의 사용자만 있다면 동작할 수 없는 제품이며, 리뷰 같은 사용자들의 참여를 통해서 에어비앤비가 제공하는 가치가 점점 증가한다.

▲ 사용자들의 리뷰가 중요한 가치를 만드는 에어비앤비

온라인 음원 서비스는 내가 혼자 음악을 듣기 때문에 개인적인 사용처럼 보일 수도 있다. 하지만 내가 음원을 소비하는 활동이 음원 순위에 영향을 미치고, 별점 같은 활동 등으로 더 적극적으로 서비스에 참여할 수도 있기 때문에 역시 혼자서 사용하는 서비스가 아니다.

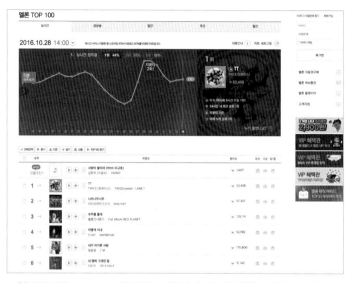

▲ 음원사이트 멜론(www.melon.com)의 중요한 기능 중의 하나는 사용자들의 음원 소비 활동이 반영되는 '차트'

　　앞서 살펴 보았던 '물'과 비교해 보면, ICT 제품들은 사용자들의 소비가 그 제품 가치의 완성을 의미하지는 않는다. ICT 제품은 사용자와의 상호 작용을 통해 진정한 가치가 발현되며 이를 구체적으로 표현하기 위해, 인간과 컴퓨터 장치간의 상호 작용을 논하는 '인간 – 컴퓨터 간 상호작용Human Computer Interaction, HCI'이라는 학문적 개념이 등장했다. 이것이 종종 UI/UX를 논하는 좁은 개념으로 이야기되는 경우도 있지만 그로스 해킹은 ICT 산업의 관점에서, 사용자와의 상호 작용을 중요한 요소로 두고 성장을 고민해야 한다.

　　전통적인 제품을 만드는 팀은 생산 활동과 판매 활동이 명확하게 구분될 수 있고, 업무를 구분하여 진행하는 것이 효율적인 경우도 있다. 하지만 ICT 제품의 경우 생산 단계와 판매 단계가 혼재되어 있어, 어디까지가 제품 개발이고 어디부터가 판매 혹은 성장의 단계인지 구분하는 것 자체가 불가능에 가깝다. 따라서 이런 ICT 제품의 성장을 담당하는 개인이나 팀은 전통제품의 경우와 비교해 마케팅 전문성은 덜 요구되지만, 제품의 대한 포괄적인 이해가 더 요구된다. 이런 상황 변화를 반영하여 탄생한 조직이 '그로스 해킹 팀'이라고 볼 수 있다.

성장 담당 조직의 구성

이렇게 탄생한 그로스 해킹이라는 역할을 수행하는 조직을 팀 내에 구성하는 방식은 크게 세 가지 정도가 존재한다.

1. 독립적 성장 조직 형태

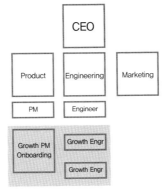

▲ 독립적 성장 조직 구조

가장 일반적으로 생각할 수 있는 조직 구성이다. 전체 조직과는 독립적으로 존재하는 팀이 독자적인 프로젝트를 진행하고 상황에 맞춰서 관련 부서와 협업한다. 장점은 '간단함'에 있지만 드물지 않게 제품 관련 이슈보다 우선 순위가 밀리게 되는 현상이 발생한다. 트위터나 링크드인 같은 회사에서 성장 조직이 운용되는 방식이라고 알려져 있다.

2. 성장 조직 중심 형태

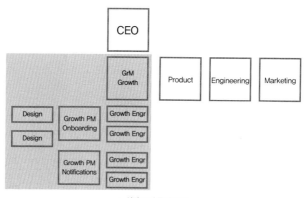

▲ 성장 조직 중심 구조

성장을 담당하는 조직이 전체 회사를 이끄는 구조다. 종종 CEO가 직접 관리하는 조직이 되기도 한다. 장점은 성장 관련 프로젝트를 강하게 추진할 수 있다는 것이지만, 전체 조직간에 충돌을 유발할 수 있는 단점도 있다. 강력한 성장 목표를 지향하다 보니, 일반적으로 제품 개발 일정도 이에 따라서 조정되므로 조직

내에 불만이 존재할 수 있게 되는 것이다. 페이스북이나, 페이스북의 성장 조직을 벤치마크한 것으로 알려진 우버 등이 이 형태라고 알려져 있다.

3. 성장 대행사_{Agency} 형태

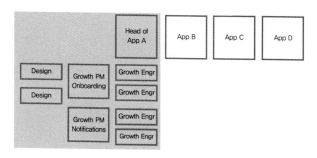

▲ 성장 대행사 구조

복수의 게임, 소프트웨어 제품을 가진 회사에서 사용하기 좋은 방법으로 알려져 있다. 그로스 해킹 업무를 완벽히 수행할 수 있는 구성원으로 팀을 꾸리고 필요에 따라 비정기적으로 회사 내부 제품군과 일을 하게 된다. 넥슨 게임들의 매출 증대에 중요한 역할을 한 '라이브 팀'이라는 조직도 그로스 해킹의 관점에서 보았을 때는 '성장 대행사' 역할을 한 것으로 볼 수 있다.

우리 회사에 어떤 조직 형태를 도입할지에 대해서는 각자 다른 상황에 맞춰서 이야기해보면 될 것이다.

성장 담당 조직에 적합한 인재

그로스 해킹에 대한 아주 잘못된 믿음 중 하나가, '혜성처럼 등장한 한 명의 전문가가 모든 문제를 해결해 줄 것'이라는 관점이다. 필자가 아는 선에서 그런 경우는 없다.

성장 담당 조직과 그 문화를 만들어 가는 것에서 중요한 것은 '가설 수립-실험-측정' 과정을 내재화하는 것이다. 의사 결정을 내릴 때 '감'에 기반하는 것이 아니라, 어떻게 하면 데이터에 기반하여 성공 확률을 높일 수 있는 의사 결정을 내릴 수 있는지 고민해야 한다. 이런 맥락에서 회사 외부 사람을 선발해서 성장 조직을 만드는 것보다는, 회사 제품 사정에 밝은 사람들 중에서 '가설 수립 - 실험 - 측정' 과정을 좋아하고 잘 하는 사람이 이 역할을 담당하도록 하는 것을 추천한다. 단, 회사 내부에 인적 자원이 충분하지 않을 수 있기 때문에 외부에서 전문성을 갖춘 인재의 영입하는 것도 특정 시점에서는 반드시 필요한 결정이 된다. 이런 결정을 내릴 때는 그 사람이 '그로스 해킹 프로젝트'를 수행한 경험이 있는지를 보는 것도 좋지만, 우리 회사가 현재 해결해야 하는 문제에 대한 산업적 전문성을 갖추고 있는지를 보는 것이 오히려 더 큰 도움이 되는 경우가 많다.

예를 들어 우리가 유료 마케팅에 대한 문제를 해결해야 하는 상황이라면, 온라인 유료 광고 대행 분야에서 오랫동안 경험을 쌓은 사람이 성장 조직의 수준을 한 단계 더 높여줄 가능성이 높다. 실제 '가설 수립 - 실험 - 측정' 싸이클은 기존 구성원들이 충분히 잘 하고 있다는 가정이 필요하긴 하다.

성장 담당 조직 인재 선발을 위한 면접 질문

성장을 담당하는 사람은 곰 보다 여우 같은 인재다. 앞서 프렌트립 등의 서비스 런칭 사례에서도 언급했던 것처럼, 기존에 알려진 방법들을 조합해서 목적한 바와 거의 유사한 성과를 낼 수도 있다. 이렇게 검증된 방법을 활용하여 업무를 수행하는 것은 주어진 업무를 꾸준히 수행할 수 있는 '곰' 같은 역할을 하는 조직이 담당하도록 하는 것이 적합하다. 반면 성장 조직은 기회를 발견하고 '가설 수립 – 실험 – 측정' 싸이클을 빠르게 수행하고 새로운 시도를 할 수 있게 '곰' 보다는 '여우'에 가까운 영리한 사람이 담당하도록 하는 것이 좋다.

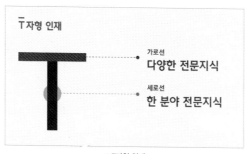

▲ T자형 인재

이는 속칭 T자형 인재라고 불리는, 본인의 전문 영역을 깊게 알지만, 동시에 다른 모든 영역들에 대해서도 기본 이상의 지식을 갖춘 인재상과도 연결된다.

아래는 이런 인재를 선발하기 위한 면접 질문 예시이다. 상황에 맞춰서 적절히 사용하기를 바란다.

구분	인터뷰 주제	목표
채널 전문성	기존 경험과 전략 보유 여부 경쟁자 분석 산업에 대한 이해	채널에 대한 전문성 검증
분석적 사고	Spreadsheet 분석 능력 Funnel 설계 능력 데이터를 다루는 능력	분석적 사고, 데이터 기반 의사 결정에 얼마나 익숙한지 검증
빠른 템포	단기 배포 능력 복잡한 목표를 단순한 MVP 단계로 분할하는 능력	빠른 배포와 개선 사이클을 체득하고 있는지?
여우 같은 영리함	브레인스토밍 능력 이론에만 통달한 사람 제외 제품에 적합한 아이디어	좋건 나쁘건, 아이디어가 풍부한지? 아이디어를 비판하지 않는지?

결국, 문화의 문제

앞서 계속 언급한 것처럼, 성장이라는 목표는 그로스 해킹을 수행하는 소규모의 조직 혹은 소수의 인원이 달성할 수 있는 것이 아니다. 회사 전체의 문화가 왜 성장 중심적인 관점에서 설계되어야 하는지 이해해야 하며, 데이터에 기반한 의사 결정과 빠른 '가설 수립-실험-측정' 사이클의 중요성을 깨달아야 한다.

성장 모델에서 이야기 했던, '성장에는 왕도가 없다'는 말은 그 성장을 담당하는 조직을 구축하는 일에도 동일하게 적용되는 것이다.

에필로그

내가 '그로스 해킹'을 처음 접했던 것은 2009년 봄 '오픈업'이었던 것 같다. 그날 연사로 오셨던 당시 미투데이 박수만 대표님께서는 이런 일화를 들려주셨다.

미투데이 초창기에 네오위즈와 첫눈의 창업자셨던 장병규 대표님께서 저희에게 이런 이야기를 하셨습니다.

"예전에 세이클럽이 한참 뜨던 시절에 왜 떴는지, 사용자가 줄어들면서 지던 시절에 왜 지는 것인지 우리(=네오위즈)는 알지 못했다. 서비스와 뜰 때 왜 뜨는지, 질 때 왜 지는지 파악할 수 있는 방법을 미투데이는 알고 있으면 좋겠다."

이 말을 듣고 많은 것을 깨달았습니다. 그 전까지 가입자 수 등 전통적인 통계 방법을 가지고 미투데이의 서비스 상태를 파악했는데 그게 답이 아니었던 것입니다. 문자를 보내고 메신저로 이야기하는 것처럼, 미투데이로 사람들끼리 이야기를 나눠야 하는데, '총 몇 명이 가입했고 한 사람이 글을 몇 개 썼다.'라는 것은 우리 서비스가 잘되기 위한 진짜 지표가 될 수 없었던 것이지요.

그래서 '뮤추얼 커뮤니케이터(Mutual Communicator)'를 고려한 새로운 서비스 지표를 만들었습니다. 그 후로는 서비스 개선 시 '한 사람이 가입한 후 몇 사람과 대화를 나누는지' 알 수 있는 이 수치를 기준으로 삼았고, 신입 회원 중 그룹 소통으로 이어지는 사람이 몇 명인지 매주 수요일마다 확인하며, 이걸 높이려고 함께 고민을 많이 했습니다.

물론 당시에는 이것을 '그로스 해킹'이라고 부르지는 않았지만, 사업을 성장시키기 위하여 전통적인 통계가 아니라 서비스 특성에 맞는 고유한 지표를 찾고 이를 개선해 나가는 것은, 그로스 해킹의 가장 핵심적인 활동을 표현한 것이다. 다만, 그것이 중요하다는 것은 배웠지만 구체적인 실천은 어떻게 해야 할지 알지 못하는 것이 그때의 내가 가지고 있었던 문제였다.

시간이 조금 흐른 2013년 실리콘밸리 연수 중에 나는 링크드인의 기술 부문 부사장이었던 '빌 크레인'을 만나게 되었다. 그는 그의 팀이 링크드인을 수억 명이 쓰는 서비스로 만들기 위해 진행했던 다양한 시도들을 알려 주었는데, 한 시간 반 남짓한 그와의 미팅 내내 등뒤로 전율이 흘렀다. 어렴풋이 중요성에 대해서만 알고 있었던 '그로스 해킹'을 어떻게 구체적으로 실행할 수 있는지에 대해서 깨달을 수 있었기 때문이다. 아직 모호한 개념을 하나의 실천적인 이론으로 정립해 나가는 모습을 보며, 실리콘밸리의 힘을 새삼 느끼게 되었다.

그로스 해킹은 실천으로서 완성되는 것이다. 그로스 해킹은 우리의 손에 나침반을 쥐어 주지만, 그 나침반을 가지고 목적지에 향해 나아가는 것은 온전히 우리의 몫이다. 이 책 쓰여진 많은 이론이나 사례들이 독자들의 머리 속에서 단순한 지식으로 머무르지 않고, 각자가 살고 있는 현실에서 잘 응용되어 뛰어난 성장을 달성하는데 큰 도움이 되기를 희망한다.

지금 이 순간에도 새로운 영역에 도전하고 있는 모든 용기 있는 이들에게, 그리고 글쓰기의 시작과 끝을 함께 해준 로켓펀치 동료들에게 이 책을 바친다.

조 민 희

저자협의
인지생략

성장의 시대를
위한 안내서 GROWTH HACKING

1판 1쇄 인쇄 2017년 1월 5일 **1판 1쇄 발행** 2017년 1월 10일
1판 2쇄 인쇄 2018년 4월 20일 **1판 2쇄 발행** 2018년 4월 25일
—
지 은 이 조민희
발 행 인 이미옥
발 행 처 디지털북스
정　　가 15,000원
등 록 일 1999년 9월 3일
등록번호 220-90-18139
주　　소 (03979) 서울 마포구 성미산로 23길 72(연남동)
전화번호 (02)447-3157~8
팩스번호 (02)447-3159
—
ISBN 978-89-6088-196-9 (93000)
D-17-03
Copyright ⓒ 2018 Digital Books Publishing Co,. Ltd

www.digitalbooks.co.kr